JN106228

NIVEAU

1 bis

仏検準1級準拠 [頻度順] フランス語単語集

川口　裕司
神山　剛樹
関　　敦彦

駿河台出版社
SUPUGADAI SHUPPANSHA

音声について

本書の音声は、下記サイトより無料でダウンロード、
およびストリーミングでお聴きいただけます。

https://stream.e-surugadai.com/books/isbn978-4-411-00558-8/

＊ご注意
・PC からでも、iPhone や Android のスマートフォンからでも
　音声を再生いただけます。
・音声は何度でもダウンロード・再生いただくことができます。
・当音声ファイルのデータにかかる著作権・その他の権利は駿河
　台出版社に帰属します。無断での複製・公衆送信・転載は禁止
　されています。

Design: 🎲dice

まえがき

　フランス語教育振興協会によると，実用フランス語技能検定試験
（以下仏検）の準1級は，「一般的な内容はもとより，多様な分野
についてのフランス語を聞き，話し，読み，書くことができる」レベ
ルを指します．新聞・雑誌の記事を読み，大意を要約できる能力が
要求されます．目安となる標準学習時間は500時間以上です．

　これまで仏検に準拠した2級と3級の単語集を出版してきまし
た．今回は2002年から2019年までの18年間について単語の頻
度調査を行いました．しかしながら準1級に特徴的で，かつそれ
なりの頻度で現れる単語のみを抽出するのは簡単ではありませんで
した．重要で頻度の高い語彙は2級などの語彙と共通していたた
めです．とはいえ仏検の受験を準備する人にとって，高頻度で使用
される単語から学んでいくのは合理的な学習法と言えます．あれこ
れ思案した結果，本書でもこれまでのやり方を踏襲し，頻度順に語
彙を分類し，2級レベルと重複がないように見出し語を選びました．

　最初に，関が過去の問題を頻度調査し，基礎データを作成しまし
た．次に川口と関が相談しながら，出現頻度が2回以上の単語を
Partie 1からPartie 4の4つの頻度グループに分けました．続いて
川口と神山がそれぞれの語彙にふさわしい例文を考えました．準1
級ではビジネスレベルの実力が判定されます．そのため例文はフラ
ンス語圏のメディア，新聞，雑誌の記事を活用しながら，できるだ
け時事的なものになるように工夫しました．幸いなことに，例文の
作成と校正の際には，バルカ・コランタンくんとアマン・マエルさ
んの協力を得ることができました．見出し語は503個ありますが，

その下に派生語や熟語・慣用表現があるため，実際の語数はもっと多くなります．最後に川口と関が 18 年間で 1 度しか現れなかった単語のうち，準 1 級レベルに相当すると思われる 171 語を付け足しました．この部分に例文はありません．

　語彙力は重要な言語能力の一つです．語彙にあまり自信がない方は，同じシリーズの『仏検 2 級準拠［頻度順］フランス語単語集』(小社刊) も併用してみてはいかがでしょうか．私たちは 1 人でも多くの方がフランス語の学習に興味を抱き，仏検にチャレンジして良い結果を得られることを期待しています．

　最後になりますが，このシリーズの編集と校正でずっとお世話になってきました編集部の上野名保子さんに，この場をお借りしてお礼申し上げます．

2021年10月

著者を代表して

川 口 裕 司

目　次

＊例文訳の（　）は補足的な訳語あるいは文脈です.

☆☆☆☆
PARTIE 1

79 mots
001-079

過去 18 年間で頻度 7 回以上の語

robot

□□ 001

男 ロボット

---

produit

□□ 002

男 製品，生産物

---

cerveau

□□ 003

男 脳

---

objet

□□ 004

男 物；目的，対象

---

faire l'objet de

熟・慣 ～の対象となる

---

poule

□□ 005

女 雌鶏

---

critique

□□ 006

女 批評，批判

Beaucoup de tâches qui étaient autrefois réalisées par des ouvriers sont désormais réalisées par des **robots**.	かつて労働者によって行われていた多くの仕事は，今後はロボットによって行われることになります.
Les **produits** que Jean-François distribue respectent les principes de l'agriculture biologique. (07 秋)	ジャン゠フランソワが販売している作物は有機農法の原則に則ったものです.
Le **cerveau** de l'homme a rétréci au cours des siècles : c'est le résultat d'une étude récemment menée par une équipe de spécialistes. (11 秋)	ヒトの脳は数世紀の間に縮小しました. これが専門家グループが最近行った研究の成果です.
Il ne faut laisser aucun **objet** de valeur dans votre véhicule lorsque vous le garez dans une aire de service sur l'autoroute.	高速道路のサービスエリアに駐車する際は，車内に貴重品を置いていってはいけません.
Non seulement les filles mais aussi les garçons **font l'objet de** trafic. (03 春)	女の子たちだけではなく男の子たちも人身売買の対象となっています.
Depuis que Nicolas élève des **poules** dans son jardin, il n'achète plus jamais d'œufs au supermarché.	庭で雌鶏を飼育するようになってから，ニコラはスーパーで卵を買うことは一度もありません.
Le nouveau film de ce cinéaste tchèque d'origine vietnamienne a reçu de très bonnes **critiques**.	このベトナム系チェコ人映画監督の新作映画には大変肯定的な批評が出されました.

	形 危機的な，批判的な
critiquer	動 批評する，批判する

état critique

熟・慣 重篤，危険な状態

esprit critique

熟・慣 批判精神

ennui □□ 007	男 悩み；退屈
proposer □□ 008	動 提案する，勧める
rat □□ 009	男 ネズミ

La situation de la Covid-19 à Tokyo peut redevenir **critique** après la fin de l'état d'urgence.

東京における Covid-19 の状況は緊急事態宣言解除後に再び危機的なものになる可能性があります.

Les médias **ont critiqué** les mesures insuffisantes prises par le gouvernement contre le réchauffement climatique.

メディアは気候温暖化に対する政府の不十分な対策を批判しました.

Il a été gravement blessé et a été hospitalisé à l'Hôpital La Grave, où il se trouve dans un **état critique**.

(11 秋)

彼は重傷を負い, ラ・グラーヴ病院に入院しましたが, 重篤な状態です.

Il aimerait produire des émissions qui éveillent un **esprit critique** vis-à-vis de la société.

(18 秋)

彼は社会に対する批判精神を呼び起こすような番組を制作したいのでしょう.

Pour Maud et son compagnon, le voyage est un moyen de dissiper l'**ennui**.

モードとそのパートナーにとって, 旅行は退屈を晴らすための手段です.

Il est allé dans une agence immobilière pour louer un appartement. Mais l'agence n'avait rien à lui **proposer**.

彼はアパルトマンを借りるために不動産屋に行きました. しかし不動産屋には彼に勧められる物件が一つもありませんでした.

Les chats chassent des animaux dangereux comme les **rats**.

猫はネズミのような危険動物を狩ってくれます.

---

gardien, **gardienne** □□ 010	男 女 管理人，守衛；看守
lien □□ 011	男 つながり；リンク
publier □□ 012	動 出版する；公表する
constater □□ 013	動 確認する
interdire □□ 014	動 禁止する
lors de □□ 015	熟・慣 〜の時に

Hier, en revenant du travail, j'ai croisé le **gardien** de l'immeuble dans le hall d'entrée.

昨日，仕事から戻ると，玄関ホールで建物の管理人とすれ違いました．

La communauté, composée de **liens** sociaux, est continûment en voie de se transformer, de se déconstruire et de se reconstruire.

コミュニティーは社会的つながりから成り立っていますが，常に変化し，解体され，再構築されています．

Les chiffres **publiés** la semaine dernière montrent combien la situation est devenue dramatique pour les producteurs.

先週公表された数値は，生産者にとって状況がいかに深刻なものになったかを示しています．

Nous **avons constaté** une forte hausse du prix de la farine depuis le début du confinement.

外出制限令の開始以降，小麦粉の価格の大幅な上昇が確認されました．

Pendant la première phase de déconfinement, les déplacements de plus de 100km **sont interdits** en principe.

外出制限令解除の第一段階の間は，100km を超える移動は原則として禁止されています．

Lors de son extinction officielle, la flamme olympique est en fait rallumée par une flamme de secours.

オリンピックの聖火が消えたことが正式に確認された際には，実際，予備の聖火で再点火されます．

mine
□□ 016

囡 地雷

mine antipersonnel （不変化）対人地雷

obliger
□□ 017

動 強いる，義務づける

se comporter
□□ 018

代動 行動する，振る舞う

comportement

男 行動，振舞い

détenu(e)
□□ 019

男 囡 拘留者，囚人

accueillir
□□ 020

動 出迎える；受け入れる

La bataille contre les millions de **mines** antipersonnel non explosées qui tuent enfants et adultes dans le monde entier vient de se munir d'une nouvelle arme.

全世界で老若男女が犠牲となる何百万もの不発の対人地雷に対する戦いに、新たな武器が導入されたばかりです.

Les voyageurs **sont obligés** de porter un masque dans les trains Intercités pendant la totalité du trajet.

都市間特急列車の乗客は、乗車中常にマスクを装着することが義務づけられています.

Ce n'est pas à cause de la pauvreté qu'ils **se sont comportés** ainsi. (07 秋)

彼らがこのように行動したのは貧困が原因というわけではありません.

Aujourd'hui encore, la littérature a de l'influence sur les **comportements** des gens, comme sur les idées ou sur la société.

文学は、今日でもなお、思想や社会への影響と同様に、人々の行動にも影響を与えています.

En prison, les relations entre gardiens et **détenus** ne sont pas toujours aussi mauvaises qu'on pourrait le croire : certains nouent même des liens d'amitié.

刑務所における看守と拘留者との関係は、必ずしも思われているほど悪くはありません. なかには友好関係を結ぶ者もいます.

Le travail du gardien consistait à **accueillir** les détenus. (08 秋)

看守の仕事は囚人たちを出迎えることでした.

apprécier
□□ 021

動 評価する

coup
□□ 022

coup de téléphone

熟・慣 通話

coup de fil

熟・慣 通話

tout d'un coup

熟・慣 突然, 急に

tout à coup

熟・慣 突然, 急に

exposer
□□ 023

動 展示する；晒す, 向ける

Ce chiffre contredit évidemment l'idée selon laquelle les hommes **apprécieraient** davantage l'indépendance que permet une vie solitaire.

一人暮らしがもたらす独立性のほうにより価値があるとする考えに，この数値は明確に反しています．

Il y a trois jours j'ai reçu un **coup de téléphone** de mon vieil ami.

3日前，私は旧友から1本の電話を受けました．

La voisine de Rachida a reçu un **coup de fil** vers dix heures quinze du matin.

ラシダの隣人に午前10時15分ごろ電話がかかってきました．

Si on arrête **tout d'un coup** d'utiliser son smartphone, ça peut provoquer un sentiment d'anxiété et d'isolement.

スマートフォンの使用を突然停止すると，不安や孤独の感情をひきおこす可能性があります．

Nous faisions des courses dans un grand magasin quand notre fille de deux ans, qui était avec nous, a **tout à coup** disparu. (16秋)

私たちがデパートで買い物をしていた時，一緒にいた2歳の娘が突然いなくなりました．

Il faut prendre en compte les facteurs culturels de ce pays. En effet, les femmes **sont** plus souvent **exposées** au danger que les hommes.

その国の文化的要因も考慮しなければなりません．実際，女性は男性よりも頻繁に危険に晒されているのです．

fait
□□ 024

en fait
熟・慣 実際は，実は

de fait
熟・慣 事実上の

nageur,
nageuse
□□ 025

男 女 泳ぐ人

phrase
□□ 026

女 文

suicide
□□ 027

男 自殺

ailleurs
□□ 028

d'ailleurs
熟・慣 その上，もっとも

En fait, je savais depuis longtemps que mon mari avait ce coffre, mais il ne l'avait jamais ouvert devant moi.

実際，夫がその金庫を持っていたことは以前から知っていましたが，彼は私の前で一度もそれを開けたことがありませんでした．

Cet état démocratique, indépendant **de fait** depuis plusieurs décennies, est reconnu par de nombreux pays.

その民主国家は，数十年来，事実上の独立国であり，多数の国から承認されています．

En général, les maîtres-**nageurs** ne sont pas dans l'eau quand ils enseignent.

通常，水泳のインストラクターは（泳ぎ方を）教える時は水中にいません．

C'est longtemps après la mort d'Einstein que la **phrase** a vu le jour.
(09 秋)

その文が世に出てきたのはアインシュタインの死後長い時間が経ってからです．

Depuis plusieurs années, les cas de **suicides** liés au travail sont bien connus du public.
(18 秋)

ここ数年前から，労働に関連した自殺の例が世間でよく知られています．

Le voyageur s'est accroché juste au moment du départ. On se demande **d'ailleurs** comment il a pu le faire.

その乗客はまさに出発の瞬間（ドアに）つかまりました．もっともそのようなことがどのようにしてできたのかは疑問です．

par ailleurs

熟・慣 さらに，しかも，他方では

bar

□□ 029

男 バー

lier

□□ 030

動 繋ぐ，関連づける

logiciel

□□ 031

男 ソフトウェア

perte

□□ 032

女 失うこと，損失

se produire

□□ 033

代動 発生する

Les étudiants formulent leur candidature sur internet. **Par ailleurs**, toutes les bibliothèques universitaires sont équipées d'ordinateurs.

学生はインターネット上で応募を行います。さらに言えば、全ての大学図書館にはパソコンが備え付けられています。

Le gouvernement a décidé de fermer tous les **bars** jusqu'à ce que la situation sanitaire s'améliore.

政府は衛生状況が改善されるまですべてのバーを閉鎖することを決定しました。

L'engouement général pour le concept de relocalisation **est** fortement **lié** à la crise du coronavirus, qui a fait prendre conscience des limites de notre modèle économique actuel.

地元回帰という考えが熱狂的に叫ばれるのは、コロナウイルスの危機と強く関係しています。コロナ禍は現在の経済モデルの限界を実感させることになったのです。

Le métier de Sébastien consiste à créer des **logiciels** qui vont ensuite être vendus à des entreprises privées.

セバスティアンの仕事は、後に民間企業向けに販売されるソフトウェアを作ることです。

En cas de **perte** ou de vol, veuillez contacter le plus rapidement possible le numéro d'assistance indiqué ci-dessous (appel non surtaxé).

紛失や盗難の際は、至急以下の問い合わせ番号にご連絡ください（通常の通話料金です）。

D'après nos dernières informations, il semblerait qu'un violent tremblement de terre **se soit produit** dans le sud de l'Italie.

最新情報によると、イタリアの南部で大地震が発生したようです。

---

sécurité
□□ 034
女 安全，安全保障

sécurité sociale
熟·慣 公的社会保険

accès
□□ 035
男 アクセス，到達

aliment
□□ 036
男 食品

apparaître
□□ 037
動 現れる

apparence
女 外見，見た目

Les agents de **sécurité** assurent les patrouilles sur le terrain et peuvent être accompagnés d'un chien.

警備員は敷地内の警備を行いますが，警備犬を伴っていることもあります．

Il est impossible de quitter la **Sécurité sociale**. L'adhésion est obligatoire. Vous avez un numéro de sécurité sociale dès votre naissance !

社会保険を脱退することはできません．加入は義務的です．生まれたらすぐに保険番号を持つことになります！

Ainsi j'attribue une note d'un à trois points à chaque lieu selon sa facilité d'**accès**. (05 春)

私はこのようにアクセスの利便性に基づいて，各地点を1点から3点の点数で評価しています．

À la fin de 2013, la Commission européenne avait déjà présenté un projet de règlement visant à faciliter l'autorisation de nouveaux **aliments**. (15 秋)

2013年末にはもう，欧州委員会が新しい食品の認可を簡素化するための規定を計画していました．

Dans cette situation **est apparu** un nouveau type d'établissement, comme le salon de beauté de Corinne Benoist, qui accueille les mères avec leurs enfants. (09 秋)

こうした状況の下で，コリンヌ・ブノワの美容室のような，母親を子どもたちと一緒に迎え入れる新しいタイプの店舗が現れました．

On dit souvent qu'il faut se méfier des **apparences** et que l'habit ne fait pas le moine.

見た目には気をつけなさい，人は見かけによらぬものです，とよく言われます．

conséquence 囡 結果
☐☐ 038

avoir des conséquences sur
熟・慣 影響を与える

contrôler 動 検査する；管理する
☐☐ 039

contrôle 男 検査；管理

déplacer 動 移動させる
☐☐ 040

déplacement 男 移動

Le développeur de l'application dé-
cline toute responsabilité pour les
conséquences de l'utilisation de
cette dernière, qu'elles soient bonnes
ou mauvaises.

アプリの開発者は，アプリ
の使用結果が良いものであ
れ悪いものであれ，いかな
る責任も負いません．

Cette épidémie **aura de** lourdes
conséquences sur le plan économique et social.

この伝染病は経済面と社会
面で重大な影響を与えるこ
とになるでしょう．

La qualité de nos produits laitiers
est contrôlée en permanence et de
façon systématique par notre équipe
de techniciens spécialisés.

当社の乳製品の品質は，
専門技術者チームによって
常時もれなく検査を受けて
います．

Apple alimente nos iPhones et
nos iPads, avec des musiques et
des applications dont elle garde
farouchement le **contrôle**.

アップル社は徹底的に管理
した音楽やアプリケーショ
ンを私たちのiPhoneや
iPadに提供しています．

Une vingtaine de patients de la
région Grand Est **ont été déplacés**
hier par TGV médicalisé vers les
Pays de la Loire.

昨日，大東部地域圏の20
名ほどの患者が，医療用に
転用されたTGVで，ロワー
ル河地域圏へ移送されまし
た．

Je suis en ce moment en **dépla-
cement** à l'étranger. Je vous rappelle-
rai dès mon retour.

現在，国外におりますので，
帰国後すぐに折り返し電話
いたします．

émotion

□□ 041

女 心の動き，感動

émotionnel,
émotionnelle

形 感情的な，感情の

---

enseignant,
enseignante

□□ 042

男女 教師，教員

établissement

□□ 043

男 (教育，商業，産業などの) 施設

---

excessif,
excessive

□□ 044

形 過度の，極端な

---

excessivement

副 過度に

Les personnes introverties ont souvent du mal à mettre des mots sur leurs **émotions**.	内向的な人々は，しばしば感動した気持ちを言葉にすることが苦手です．
L'intelligence **émotionnelle** est de plus en plus prise en compte lors des recrutements en entreprise.	企業の採用活動の際には，感情を理解する能力がますます考慮されるようになっています．
Les **enseignants** et **enseignantes** de l'université ont organisé des réunions en ligne afin de discuter de l'organisation de la rentrée dans ce contexte de crise sanitaire.	大学の教員たちは，感染症禍において新学期をどのように迎えるかについて話し合うために，オンライン会議を開催しました．
Quelles mesures prendriez-vous afin de rétablir la sécurité dans les **établissements** scolaires ?	教育施設における安全性を元の状態に戻すのに，あなた方はどのような方策をとるおつもりですか？
Certes, le montant des droits d'inscription à l'université n'est pas très élevé en France, mais cela paraît quelque peu **excessif** de le multiplier par plus de dix pour les ressortissants d'un pays hors Union européenne et Espace économique européen.	確かに，フランスでは大学の登録料はあまり高くないですが，EU や欧州経済領域外の国籍者の登録料を 10 倍以上に値上げするのは少し極端であるように思われます．
Le docteur lui a conseillé de ne plus travailler **excessivement**. (07 秋)	医師は彼（女）にこれ以上過度に働かないように忠告しました．

favoriser
□□ 045
動 有利にする

menacer
□□ 046
動 脅かす, 危機的状況に陥れる

phénomène
□□ 047
男 現象

polluer
□□ 048
動 汚染する

pollution
女 汚染

D'après cette étude, tout semble **favoriser** le choix du célibat, mais il existe un obstacle. En effet, le couple reste la norme de notre culture, ce qui produit une grande pression psychologique.

この研究によれば，独身を選択することはあらゆる点で有利なように思われますが，障壁が存在するのです．というのも，カップルというものが我々の文化の規範であるため，大きな心理的圧力を生んでいるからです．

La conservation et la reproduction d'espèces **menacées** sont parmi les objectifs scientifiques auxquels devra répondre la rénovation du zoo de Paris. (06 春)

絶滅の危機に陥った種の保存と繁殖は，パリ動物園のリニューアルが果たすべき科学的目標の中に位置づけられています．

Le **phénomène** des enfants exploités ne concerne pas que les pays en voie de développement. (03 春)

搾取される子どもたちという現象は，発展途上国に限って起こるものではありません．

Les entreprises de la région continuent de **polluer** les rivières sans aucune réaction de la part des autorités.

この地域の企業は当局のお咎めを一切受けずに河川を汚染し続けています．

Lors de pics de **pollution**, les Parisiens peuvent acheter un Forfait Antipollution, qui leur permet de se déplacer de façon illimitée sur l'ensemble du réseau de transports en commun.

大気汚染がピークに達した際には，パリ住民は公共交通機関がすべて乗り放題になる「公害対策クーポン」を購入することができます．

récent(e)
□□ 049
形 最近の

souligner
□□ 050
動 下線を引く；強調する

survivre
□□ 051
動 生き残る

toutefois
□□ 052
副 しかしながら

trouble
□□ 053
男 (身体等の) 障害；騒動

adopter
□□ 054
動 採用する；養子として迎え入れる

Le développement de la livraison de repas à domicile est une tendance relativement **récente** en Europe.	食事の配達サービスの発達はヨーロッパでは比較的最近の傾向です.
Il faut **souligner** qu'en Afrique, en Amérique latine ou en Russie, on peut encore augmenter la superficie des terres cultivées. (10秋)	アフリカやラテンアメリカ, またロシアでは, まだ耕作地の面積を広げることができると強調しなくてはいけません.
Quels sont les animaux qui **ont survécu** à Tchernobyl ?	チェルノブイリで生き残ったのはどのような動物なのでしょう?
Le gouvernement a réagi en organisant de grandes réunions de consultation dans toute la France, ce qui n'a **toutefois** pas permis de calmer la grogne des manifestants.	政府は対応として, フランス全土で大規模な意見交換会を開催しました. しかしながら, それでデモ参加者の不満を鎮めることはできませんでした.
Il n'est pas toujours facile de savoir comment réagir lorsqu'un de nos proches est atteint de **troubles** psychiatriques.	近親者の一人が精神障害を患った時にどのように反応すべきかを知ることは必ずしも簡単なことではありません.
Ce couple, qui a tenté sans succès d'avoir un enfant naturellement, a décidé d'**adopter** un orphelin brésilien.	そのカップルは, 自然に子どもを授かろうとしましたができなかったので, ブラジル人の孤児を養子として迎えることにしました.

attribuer

☐☐ 055

動 割り当てる；〜のものであると考える

centaine

☐☐ 056

女 約 100

contacter

☐☐ 057

動 連絡をとる

être en contact

熟・慣 連絡をとっている

disposer

☐☐ 058

動 配置する；(〜 de) 使用できる

dresser

☐☐ 059

動 (目録, 図面を) 作成する

動 組み立てる

Malheureusement, le numéro qui lui **a été attribué** appartenait avant à un vétérinaire qui avait pris lui aussi sa retraite quelques mois auparavant. (16秋)

気の毒なことに，彼女に割り当てられた電話番号は同じく数ヶ月前に退職した獣医の電話番号だったのです（だから間違い電話が多いのです）.

Des **centaines** de personnes se sont rassemblées sur la place centrale de la ville pour dénoncer les violences envers les femmes.

女性に対する暴力を告発するために数百人もの人々が街の中心広場に集まりました.

Pour plus d'informations, je vous prie de **contacter** le service client au numéro suivant.

より詳しい情報は以下の番号のカスタマーサービスにご連絡願います.

Je **suis en contact** régulier avec mes anciens collègues. (04春)

私は元同僚たちと定期的に連絡をとっています.

En Afrique, les Éthiopiens ont été parmi les premiers à **disposer** de leur propre écriture. (07秋)

アフリカでは，エチオピア人は自分たちの文字を最初に使用した人々です.

Il faut **dresser** la liste des invités, mais avant, il vaut mieux évaluer l'espace pour déterminer le nombre.

招待客のリストを作成しなければいけませんが，その前に，人数を決めるためにスペースの見積もりをしたほうがいいでしょう.

À cet endroit, il est interdit de **dresser** une tente provisoire.

この場所では，仮設テントを建てることは禁止されています.

dresser ☐☐ 060	動 訓練する
dresseur, **dresseuse**	男 女 調教師
échapper à ☐☐ 061	動 〜から逃れる
s'échapper	代動 逃げる；（液体や気体が）出る
établir ☐☐ 062	動 設置する，構築する；立証する
s'établir	代動 居を定める；構築される
exister ☐☐ 063	動 存在する

La police a utilisé des chiens **dressés** spécialement afin de détecter la présence de substances illicites.

警察は違法物質を見つけ出すよう特別に訓練された犬を使用しました.

Ce **dresseur** de lions nous explique comment il faut réagir si l'animal se montre nerveux.

このライオンの調教師はライオンが苛立っている時にするべき対応を説明してくれます.

Cet homme **a échappé** de justesse **à** la mort suite à un très grave accident de voiture.

この男性は重大な交通事故からかろうじて生還しました.

Près du cratère, on a vu la fumée **s'échapper** haut dans le ciel.

噴火口の近くで煙が空高く吹き出しているのを見ました.

L'État a décidé d'**établir** de nouvelles règles obligeant les entreprises à plus de transparence afin de lutter contre le travail des enfants.

児童労働をなくす戦いのために, 国は企業にさらなる透明性の確保を義務づける新しい規則の制定を決定しました.

Ce couple veut, après sa retraite, **s'établir** dans un village qui donne sur la mer.

このカップルは退職後に海辺の村に移住したいと思っています.

Il **existe** de nombreux exemples d'hôpitaux ayant dû faire appel à de jeunes retraités pour faire face à la crise du covid 19.

コロナ禍に対応するため, 定年退職してまだ日の浅い人の助けを求めざるを得なかった病院の例は多いです.

faciliter

☐☐ 064

動 容易にする

facilité

女 容易さ，流暢さ

individu

☐☐ 065

男 個人

mise

☐☐ 066

mise en scène

熟・慣 （舞台）演出

mise sur le marché

熟・慣 市場への導入

mise au point

熟・慣 ピントの調整；開発

Parmi les aliments, certains peuvent **faciliter** la perte de poids en empêchant l'accumulation de graisses.

食品の中には，脂肪の蓄積を回避し，減量を手助けするものがあります．

La **facilité** avec laquelle ce joueur a attrapé la balle a laissé les spectateurs bouche bée.

そのプレイヤーがいとも容易にボールをキャッチしたので，観客は口をポカンと開けたままでした．

C'est un drôle d'**individu** qui sirote des diabolos menthes à longueur de journée.

彼はミントのディアボロ（シロップのソーダ割り）を一日中ずっとちびちび飲んでいるような変わり者です．

La **mise en scène** de cette pièce de théâtre extrêmement populaire a été réalisée en collaboration avec une romancière belge mondialement connue.

とても人気のあるこの戯曲の演出は，世界的に有名なベルギー人小説家とのコラボによって行われました．

La **mise sur le marché** de ce nouveau type de smartphone est prévue pour l'année prochaine.

この新機種のスマホの市場への導入は来年に予定されています．

Si tes photos sont floues, c'est parce que tu ne maîtrises pas encore la **mise au point** sur ton nouvel appareil.

写真のピントがブレているのは，新しいカメラのピント調整を君がまだ身につけていないからです．

mise en œuvre

熟・慣 実行，利用

mise en place

熟・慣 実施，施行；設置

mode de vie
□□ 067

熟・慣 生活様式

négociation
□□ 068

囡 交渉

personnel,
personnelle
□□ 069

形 個人的な

poursuivre
□□ 070

動 追跡する

Depuis le début de la **mise en œuvre** de ce programme, une dizaine de sans-abris l'ayant terminé avec succès ont quitté le centre.

このプログラムが実行され始めて以降，無事にプログラムを終えた10人ほどのホームレスたちがセンターから退所しました．

La **mise en place** du nouveau système de demande de visa en ligne contribuera à une augmentation sensible du nombre de visiteurs étrangers.

新しいオンラインビザ申請システムが施行されることで，外国人訪問者の数が目に見えて増えることになるでしょう．

Il est faux de penser que les Japonais n'ont qu'un seul **mode de vie,** malgré leur caractère assez conformiste.

日本人にはかなり体制順応的な性格があるとはいえ，1つの生活様式しかないと考えるのは誤りです．

En deux ans de **négociations,** l'Union Européenne et la Grande-Bretagne n'ont pas trouvé de solution pour gérer le problème de la frontière irlandaise.

2年間の交渉で，欧州連合と英国はアイルランド国境問題を管理するための解決策を見つけられませんでした．

Aujourd'hui, beaucoup d'entreprises cherchent à acheter des données **personnelles** afin de faire de la publicité ciblée.

今日では多くの企業がターゲティング広告のために個人情報を買い入れようとしています．

Il semble qu'ils **poursuivaient** un automobiliste qui venait de partir sans payer d'une station-service.

(05 春)

彼らはお金を払わずにガソリンスタンドから出てきた運転手を追跡していたようです．

quantité
□□ 071
女 量

rénover
□□ 072
動 刷新する，改修する

sensible
□□ 073
形 敏感な；顕著な

surface
□□ 074
女 表面；面積

surprendre
□□ 075
動 驚かせる

tenter
□□ 076
動 試す

Cette année, la **quantité** de melons produits a été plus élevée que les autres années, ce qui a entraîné une baisse des prix à la consommation.

今年はメロンの生産量がこれまでになく増加し，そのため小売価格が下落しました．

Cet appartement **rénové** de 40m² comporte un salon, une chambre, une cuisine séparée, une salle de bain et un WC.

この改修された40平方メートルのアパルトマンには，リビングと寝室，独立型キッチン，浴室，トイレが備えられています．

Je suis très **sensible** à la poussière et cela provoque chez moi des éternuements intempestifs.

ホコリに大変敏感なため，私は突然くしゃみが出てしまいます．

La principale cause du déboisement dans cette région est la volonté d'augmenter les **surfaces** cultivées.

この地域の森林伐採は主に耕地面積を広げようという動機により引き起こされました．

Cette maison paysanne traditionnelle a plus de 250 ans et son intérieur ne cesse de **surprendre** ses visiteurs.

この伝統的な田舎の家屋は築250年以上ですが，その内装はいつも訪れる人を驚かせます．

Une étude **a tenté** d'analyser ce phénomène atmosphérique, en se basant sur les chiffres des cinq dernières années.

直近5年間の数値をもとに，ある研究がその大気現象の分析を試みました．

---

trafic

□□ 077

男 交通；取引

traiter

□□ 078

動 扱う

vétérinaire

□□ 079

男 女 獣医

La France est le confluent du **trafic** aérien européen : tous les jours on dénombre entre 8000 et 10000 vols dans l'espace aérien français.

フランスはヨーロッパの航空路線の交差点であり，毎日 8000 から 10000 を数える航空便がフランスの空域を飛び交っています．

Je refuse de me faire **traiter** de la sorte. Je n'ai pas à me faire traiter de tous les noms simplement parce que je ne suis pas d'accord avec vous.

このような扱いを受けるのは許せません．あなたに賛成しないからといって，暴言を言われるような筋合いはありません．

Il y a un mois j'ai reçu un coup de téléphone d'un **vétérinaire**. (10 秋)

1 ヶ月前，私はある獣医から1本の電話を受けました．

☆☆☆☆

PARTIE 2

107 mots

080-186

過去 18 年間で頻度 5 回以上の語

agricole
□□ 080
形 農業の

agriculteur,
agricultrice
男 女 農家の人

alcool
□□ 081
男 アルコール, お酒

alimentaire
□□ 082
形 食料の

annonce
□□ 083
女 告知, 広告

augmentation
□□ 084
女 増加

La révolution **agricole** a permis de produire beaucoup plus, d'éviter les famines, et a donc contribué à l'augmentation de la population.	農業革命は生産量の大幅な増加を実現し，飢餓を防ぎ，それゆえ人口の増加に寄与しました．
L'**agriculteur** de notre hameau venait souvent prendre le café, auquel on ajoutait une bonne dose de gnôle.	私たちの集落の農家の人は，ブランデーをたくさん入れたコーヒーをよく飲みに来ていました．
Est-ce que l'**alcool** à 70°ou 90° peut détruire les virus comme il le fait pour les bactéries ?	70度とか90度のアルコールは，細菌と同様，ウイルスも破壊できるでしょうか？
Ce projet collecte gratuitement des denrées puis les distribue à des associations afin de lutter contre le gaspillage **alimentaire**.	この計画では，食品ロスと戦うために無料で食料品を収集し，それを団体に配布します．
Cyrielle a trouvé son studio dans les petites **annonces** du quotidien DNA (les Dernières Nouvelles d'Alsace).	スィリエルは日刊紙DNA（アルザス最新ニュース）の三行広告で自身のワンルームを見つけました．
Dans l'ensemble de l'hexagone, on a assisté à une **augmentation** du nombre de communes ayant élu un maire écologiste.	フランス全土で，環境保護派の首長を選出した市町村の数が目に見えて増加しています．

autorité
□□ 085

囡 権限；当局, 権威

carré(e)
□□ 086

形 平方 [正方形] の

commune
□□ 087

囡 市町村, コミューン（＝自治体の最小単位）

décéder
□□ 088

動 死去する

décès

男 死去

démontrer
□□ 089

動 証明する, 明示する

Les **autorités** ont restreint l'activité des friteries sur l'ensemble du territoire, ce qui a suscité l'indignation générale.

当局は全土において揚げ物店の営業を制限したのですが、そのことが広く怒りをかっています.

Il a mis dans son jardin une table **carrée** qu'il vient d'acheter en promotion dans un supermarché.

彼は大型店の特売で買ったばかりの正方形のテーブルを庭に置きました.

Claude tient un bar dans une petite **commune** d'environ 3000 habitants, située à 60 kilomètres de Toulouse.
(08 秋)

クロードはトゥールーズから60kmのところにある人口約3000人の小さな町でバーを経営しています.

L'ancien président de ce pays insulaire, **décédé** l'année dernière, avait contribué grandement à la démocratisation du système politique.

昨年死去したその島国の元大統領は、政治制度の民主化に大きく貢献しました.

Le **décès** du célèbre comique japonais par le coronavirus émeut tout le Japon.

コロナウイルスによる日本の有名なコメディアンの死に日本中が動揺しています.

Annick **a** ainsi **démontré** ses qualités de gestionnaire, ce qui lui a permis d'être élue présidente deux ans plus tard.

アニックはこうして運営の才覚を証明したことで、2年後に委員長に選出されました.

---

développement

□□ 090　男 発展，発達

diminution

□□ 091　女 減少

distribuer

□□ 092　動 配布する；配給する，販売する

divorce

□□ 093　男 離婚

domicile

□□ 094　男 住居

Les producteurs de chicorée, substitut de café, sont de plus en plus nombreux à promouvoir le **développement** durable.

コーヒーの代用品であるチコリコーヒーの生産者のうち, 持続可能な発展を推進する農家が増えています.

Le maire justifie sa démarche par le problème de **diminution** constante de la population : « Si on ne faisait rien, dans trente ans on aurait été rayé de la carte. »

市長は人口減少が続いている問題を持ち出して, 自らの方針を正当化しているのです. 曰く, 「もし何もしなければ, 30年後に私たちの街は地図から消えてしまっていたでしょう.」

Il y a un an, j'ai commencé à **distribuer** les produits de petits agriculteurs de la région dans l'agglomération de Toulouse.

1年前, 私はトゥールーズ都市圏で, 小規模な地場農家の農産物を販売し始めました.

Un article récemment publié dans un journal japonais décrit les circonstances difficiles dans lesquelles se trouvent les femmes japonaises après un **divorce**.

ある日本の新聞に最近掲載された記事の中で, 日本人女性が離婚後に置かれる困難な状況が説明されています.

L'accouchement à **domicile** existe toujours. Mais en France, seulement 1 % des femmes accouchent à la maison.

自宅分娩は今でも存在しています. しかしフランスでは自宅で分娩する女性は1%にすぎません.

échange
□□ 095
男 交換，交流

électrique
□□ 096
形 電気の

élément
□□ 097
男 要素；部品

engager
□□ 098
動 雇う；関与させる

s'engager
代動 関与する；約束する

enregistrer
□□ 099
動 記録する，登録する

entraîner
□□ 100
動 引き起こす；連れて行く

Les étudiants souhaitant participer à ce programme d'**échange** international doivent fournir une lettre de motivation.	この交換留学プログラムに参加を希望する学生は志望動機書を提出しなくてはいけません.
Le réseau **électrique** français a beaucoup souffert du passage de la tempête.	フランスの送電網は嵐の通過で大きな被害を受けました.
Parfois, j'ajoute de petits **éléments** accessoires pour rajeunir une chambre démodée : des rideaux, des fleurs, etc.	時々, 私は古くなった部屋を刷新するためにちょっとした装飾品, カーテンや花などを取りつけています.
Nombreux sont les enseignants-chercheurs de cette génération à **être engagés** politiquement.	この世代の教授および准教授には政治的に積極的に関与する人がたくさんいます.
François a décidé de **s'engager** dans cette association qui lutte contre les violences domestiques.	フランソワは家庭内暴力と戦うこの団体に参加することに決めました.
Votre commande **a** bien **été enregistrée.** Un email de confirmation vous sera envoyé sous 24h ouvrées.	確かにご注文を承りました. 確認のメールが24営業時間内に送られます.
Les ordinateurs **ont**-ils **entraîné** une révolution des mathématiques ? (04 春)	コンピューターは数学に革命を引き起こしましたか?

héberger

□□ 101

動 宿泊させる

hébergement

男 宿泊させること；宿泊施設

industriel,
industrielle

□□ 102

形 産業の；工業の

男 女 工業経営者

informatique

□□ 103

形 情報科学の，コンピューターの

Nous lui avons proposé de l'**héberger** chez nous le temps qu'il cherche un nouvel appartement.	彼が新しいアパートを探す間, 私たちは彼を家に泊めてあげますと言いました.
Si vous voyagez à Sapporo pendant le festival de la neige, où la ville accueille le plus de touristes, il est nécessaire de réserver un **hébergement** avant le départ.	観光客が最も多く訪れる雪まつりの間に札幌に旅行に行くのでしたら, 出発前に宿泊施設を予約する必要があります.
Avec la crise de la Covid 19, la production **industrielle** a baissé de plus de 30% au premier trimestre.	Covid 19 の危機に伴い, 最初の四半期で工業生産量は 30%以上下落しました.
Cet **industriel** chinois est habitué à fréquenter les grands de ce monde : le président l'a reçu en personne l'été dernier pour discuter d'un projet de construction d'un nouvel aéroport en banlieue de la capitale.	この中国人の工業経営者は政財界の大物と関わりを持つことを習慣にしています. 昨年の夏, 大統領自らが彼を招き入れ, 首都郊外に建設される新空港の計画について話し合いました.
Les enseignements en distanciel nécessitent des équipements **infor-matiques** mais les établissements n'en fournissent pas toujours.	遠隔教育にはコンピューター設備が不可欠ですが, 学校側が常にそれを提供できるわけではありません.

|女| 情報科学

société informatique
|熟・慣| IT 企業

insecte
□□ 104

|男| 昆虫

jument
□□ 105

|女| 雌馬

majorité
□□ 106

|女| 過半数, 多数

Comme en 2001 le gouvernement fédéral a lancé un grand projet pour rendre Internet accessible aux communautés inuites, il a monté avec des amis européens une entreprise d'**informatique** pour former les Inuits tout en discutant avec eux sur leurs souhaits. (11 秋)

連邦政府は2001年にイヌイットコミュニティーのインターネット接続を可能にする大規模プロジェクトを発表し，イヌイットの人々の要望について彼ら自身と話し合いをしつつ，人材を養成するためのIT企業をヨーロッパの友好国とともに設立しました．

Quand Thomas travaillait dans une **société informatique**, il pensait rarement à la manière de dépenser son argent. (14 秋)

トマはIT企業に勤めていた頃，自分のお金の使い方についてほとんど考えていませんでした．

Est-il légal de vendre des **insectes** destinés à la consommation humaine au Nouveau-Brunswick ?

（カナダの）ヌーヴォー・ブランズウィック州では人間が消費するための昆虫の販売は合法なのでしょうか?

Michel adore les animaux : il a chez lui des chats, des chiens, des chèvres mais aussi trois **juments**.

ミシェルは動物が大好きです．彼は家で猫や犬，ヤギ，そして雌馬も3頭飼っています．

Le Président de la République a décidé de dissoudre l'Assemblée Nationale et ainsi de déclencher de nouvelles élections afin d'obtenir une plus large **majorité**.

共和国大統領は国民議会を解散し，そして過半数を大きく上回る議席の獲得を目指して選挙を行うことを決めました．

modeste ☐☐ 107	形 謙虚な, 質素な
planète ☐☐ 108	女 惑星;地球
rapporter ☐☐ 109	動 戻す;もたらす;報告する
régulier, régulière ☐☐ 110	形 規則的な, 定期的な
client régulier	熟·慣 馴染み客
révéler ☐☐ 111	動 明らかにする
secrétaire ☐☐ 112	男 女 秘書

Malgré ses succès retentissants et ses nombreux records, il reste toujours **modeste** face aux journalistes.

名声を獲得し，数々の記録があるにもかかわらず，彼はいつも記者の前で謙虚です．

Les **planètes** dites gazeuses ne sont pas exclusivement composées de gaz. Jupiter possède une partie solide, tout comme la Terre.

いわゆるガス惑星はガスだけから成り立っているのではありません．木星にはまさに地球と同じように固体部分があります．

Tiens, regarde, je t'**ai rapporté** le vêtement que tu avais laissé chez moi.

ねえ，ほら，家に置いていった服を持ってきてあげたよ．

La fréquence des tramways est loin d'être **régulière** sur cette ligne : le temps d'attente varie très largement.

この路線ではトラムの発着頻度は規則的と言うには程遠い状態で，待ち時間の振れ幅が大きいです．

À l'heure actuelle, je compte 120 **clients réguliers**, et j'espère arriver à 200 dans un an.　　(07 秋)

現在のところ，120 名の馴染み客を抱えています．1 年後には 200 人になることを期待しています．

Un ancien proche de cet homme politique **a révélé** qu'il avait détourné de l'argent pour son profit personnel.

この政治家を古くから知る知人が，個人的な利益のために金を横領したことを明らかにしました．

La **secrétaire** est là pour faire son travail, bien évidemment, mais aussi pour régler les conflits et diminuer le stress de son patron.

秘書というのは，自分の仕事をするのはもちろんのこと，もめごとを解決したり，上司のストレスを軽減するのも業務のうちです．

site ☐☐ 113	男 ウェブサイト；用地
syndicat ☐☐ 114	男 労働組合
tiers ☐☐ 115	男 3分の1
tramway ☐☐ 116	男 路面電車, トラム
abeille ☐☐ 117	女 ミツバチ
accéder ☐☐ 118	動 〜に通じる, 情報を得る

Que doit-on faire si on tombe sur un **site** de vente en ligne frauduleux ?

たまたま詐欺販売サイトに行ってしまったら，どうしなければいけないのでしょうか?

C'est à Limoges que le **syndicat** CGT (Confédération générale du travail) a vu le jour le 23 septembre 1895.

1895年9月23日にフランス労働総連盟 (CGT) が誕生したのはリモージュにおいてでした.

D'après un sondage récent, la télévision publique mécontente deux **tiers** des Français.　　　(19秋)

直近の調査によれば，フランス人の3分の2が公共テレビに対して不満を感じています.

Une nouvelle ligne de **tramway** reliant les deux quartiers de la ville sera mise en service le 1er juillet.

街の2つの地区を結ぶトラムの新路線は7月1日に開業します.

Les apiculteurs se retrouvent face à un réel problème : les **abeilles** ne savent pas se défendre efficacement contre les frelons asiatiques.

養蜂家たちは，ある大きな問題に直面しています. それはミツバチがアジア産のスズメバチから効果的に身を守る術を身につけていないということです.

Son manque de discernement l'empêche d'**accéder** aux hautes sphères de la société québécoise.

見識の少なさのために彼（女）はケベック社会の上層に達することができません.

---

accuser □□ 119	動 非難する，告発する
accusé(e)	男 女 被告
acquérir □□ 120	動 得る，獲得する
appel □□ 121	男 通話；呼びかけ
appel urgent	熟・慣 急ぎの電話
approuver □□ 122	動 賛同する，承認する

Il y a eu une médiatisation excessive de l'affaire : le père qui **accuse** l'enseignant à la télévision, toute la presse qui en parle, etc.	この事件については，父親がテレビに出演して教師を非難したり，新聞や雑誌がこぞって事件を取り上げるなど，行き過ぎた報道がありました．
L'**accusé** prit la parole et affirma de nouveau qu'il avait été accusé à tort.	被告は発言を行い，改めて自分は冤罪であると断言しました．
Ces étudiantes japonaises **ont acquis** les compétences linguistiques et culturelles nécessaires pour pouvoir se débrouiller lors d'un séjour en pays francophone.	これらの日本人学生たちはフランス語圏の国での滞在を切り抜けるために必要な言語的，文化的能力を獲得しています．
Le matin, est parvenu à l'agence un **appel** selon lequel le président serait décédé dans sa résidence. (15 秋)	朝，大統領が公邸で死亡したようだという電話が，新聞社に入りました．
Excusez-moi, pourrais-je emprunter votre téléphone ? J'ai un **appel urgent** à passer.	すみません，電話を貸してもらうことはできますでしょうか？ 急ぎの電話をかけないといけないんです．
L'Assemblée Nationale **a approuvé** le projet de loi permettant aux personnes de même sexe de se marier.	国民議会は同性婚を容認する法案を承認しました．

| **au pair** ☐☐ 123 | 熟・慣 オーペアで |

| **avouer** ☐☐ 124 | 動 白状する，認める |

| **banlieue** ☐☐ 125 | 女 郊外 |

| **blessure** ☐☐ 126 | 女 傷 |

| **cependant** ☐☐ 127 | 副 しかしながら |

| **chimique** ☐☐ 128 | 形 化学の |

| **circuler** ☐☐ 129 | 動 流通する，流布する；(自動車で)走行する |

Odile a été jeune fille **au pair** dans sa jeunesse, et elle garde de très bons souvenirs de cette expérience.	オディルは若い頃オーペアをしていて，その経験はとてもよい思い出になっています．
Le ministre des Finances **a avoué** que le gouvernement avait échoué à rassurer et convaincre le peuple.	財務大臣は，政府が国民を安心させ，納得させるのに失敗したことを認めました．
Théo habite la **banlieue** ouest de Tokyo. Pour aller à Shibuya, où il travaille, il passe une heure dans les transports en commun.	テオは東京西部の郊外に住んでいます．職場のある渋谷へ行くには，公共交通で1時間かかります．
Ses enfants ont porté plainte pour coups et **blessures**.	彼（女）の子どもたちは傷害を負ったとの訴えを起こしました．
Le sens de cette expression change particulièrement dans l'usage oral. Il semble **cependant** que l'analyse sur ce point n'ait pas été suffisamment effectuée.	この表現の意味は特に話しことばでの使用において違ってきます．しかしこの点に関する分析は十分に行われていないように思えます．
La non-utilisation d'armes **chimiques** est une priorité de la France dans la crise syrienne.	化学兵器の不使用というのが，シリア危機におけるフランスの最重要課題です．
Que pensez-vous de la vidéo pirate de manga qui **circule** sur YouTube ?	YouTube で流通しているマンガの海賊版ビデオについてどのように思われますか？

club

□□ 130

男 クラブ

code

□□ 131

男 法規；暗証番号，コード

cognitif,
cognitive

□□ 132

形 認知の

communiquer

□□ 133

動 伝える，やり取りをする

complexe

□□ 134

形 複雑な

concevoir

□□ 135

動 構想する，着想する；理解する

Jean-François est le fondateur du **club** de tennis de la ville, qui compte désormais plus de 50 membres.

ジャン゠フランソワは，今では会員数 50 人を超える街のテニスクラブの創設者です．

Il faut absolument que tu passes le **code** de la route pendant les vacances.

バカンス中に交通法規の試験を絶対受けないといけないよ．

Y a-t-il des formations diplômantes à distance dans le domaine des sciences **cognitives** ?

認知科学の分野には学位が授与される通信教育課程はあるのでしょうか？

Si la décision finale de la commission **a été communiquée** de façon orale, une notification écrite de celle-ci sera disponible sur la plateforme dédiée dans un délai de huit jours.

委員会の最終決定が口頭で伝えられた場合，決定通知文は 1 週間以内に専用のプラットフォーム上でアクセス可能になります．

Le système électoral **complexe** de la présidentielle américaine remonte au XVIIIe siècle.

アメリカ大統領選挙の複雑なシステムは 18 世紀までさかのぼります．

Cette poussette **a été conçue** pour être facilement maniable, et les utilisateurs en sont très contents.

このベビーカーは簡単に操作ができるように考えられていて，この点が利用者からとても好評です．

conférence
□□ 136
女 会議；講演

consommer
□□ 137
動 消費する

contrat
□□ 138
男 契約，契約書

démarrer
□□ 139
動 始動する，始動させる

destiner A à B
□□ 140
動 A を B に向ける

disparition
□□ 141
女 消失，消滅

disparu (e)　形 消えた，滅亡した

Les **conférences** plénières de la prochaine édition du Congrès Mondial de Linguistique Française seront diffusées en ligne.

次回の世界フランス語学会議（CMLF）の基調講演はオンライン上で配信されるでしょう．

Il faut donc trouver des solutions visant à purifier l'eau, mais le mieux serait plutôt de **consommer** moins de médicaments.　　　　(09 秋)

したがって，水質を浄化するための解決法を見つけなくてはならないのですが，最良の方策はむしろ薬品の使用を減らすことでしょう．

L'entreprise a décidé de mettre fin au **contrat** de cet employé.

会社はこの従業員の契約を打ち切ることに決めました．

J'**ai** ainsi **démarré** le tramway à toute allure.　　　　(13 秋)

私はこうしてトラムを全速力で始動させました．

Cette nouvelle aide financière **est destinée aux** personnes qui ont perdu leur travail récemment à cause de la crise financière.

この新しい経済支援は，財政危機のために最近仕事を失った人々に向けられています．

Depuis plusieurs semaines, le groupe SNCF a décidé d'accélérer la **disparition** des guichets en gare au profit de la vente de titres de transport en ligne, ou encore au profit de bornes automatiques.

何週間も前から，フランス国鉄グループは駅の窓口廃止を促進し，オンライン，さらには自動販売機での乗車券販売を推進することを決めました．

Il a envoyé des mails pour une conférence sur les monuments **disparus**.

彼は失われた歴史遺産に関する講演会についてのメールを送りました．

document
□□ 142

男 書類，文書

empreinte
□□ 143

女 跡

empreinte digitale 指紋

énorme
□□ 144

形 驚くべき；重大な；巨大な

envers
□□ 145

前 ～に対する

éviter
□□ 146

動 避ける

généraliste
□□ 147

男 女 一般医

Il risque ainsi une peine de prison pour avoir modifié illégalement des **documents** officiels. (17秋)	したがって彼は公文書を違法に改ざんしたために懲役刑を科される可能性があります.
Les demandeurs d'un visa de visiteur doivent fournir leurs données biométriques composées des **empreintes** digitales et d'une photographie de la tête montrant le visage découvert et les deux oreilles.	ビジタービザの申請者は, 指紋, および顔が覆われていない状態で, かつ両耳が見える顔写真からなる生体データを提出しないといけません.
Une jeune femme a vu l'avion « virer sur le côté puis tomber à la verticale » avant de s'abîmer « dans une **énorme** explosion suivie de flammes ». (03春)	ある若い女性は, その飛行機が「大爆発後に炎上して」大破する前に「横向きに旋回し垂直に落下する」のを見ました.
En Birmanie, la haine **envers** la minorité musulmane des Rohingyas existe depuis des siècles.	ミャンマーでは, イスラム教徒マイノリティーのロヒンギャに対する憎悪は, 何世紀も前から存在しています.
En ce moment de crise sanitaire, il serait prudent d'**éviter** les manifestations rassemblant un grand nombre de personnes.	感染症禍の今, 多くの人数が集まるデモは避けるのが賢明でしょう.
Afin d'éviter tout frais supplémentaire, les patients doivent trouver un **généraliste** et le déclarer comme médecin traitant.	追加料金を払わないようにするには, 患者が一般医を見つけ, その人を主治医として登録しなければなりません.

intelligence □□ 148	囡 知能
inventer □□ 149	動 発明する
licencier □□ 150	動 解雇する
livrer □□ 151	動 配達する
matériel □□ 152	男 機材, 材料
médical (e) □□ 153	形 医療の
mémoire □□ 154	囡 記憶

Les chercheurs font de plus en plus de progrès dans le domaine de l'**intelligence** artificielle (IA).	研究者たちは人工知能 (AI) の領域をさらに発展させています.
Les chercheurs avaient pour objectif d'**inventer** un robot qui puisse accomplir sa tâche même s'il se trouve en mauvais état. (16秋)	研究者たちは, 悪条件でも任務を遂行できるロボットの発明を目指していました.
Jean-François **a été licencié** pour raison économique. (07秋)	ジャン＝フランソワは経済的な理由により解雇されました.
Nous **livrons** les pizzas gratuitement à domicile à partir de 20 euros d'achat.	20ユーロ以上のお買い上げで, ピザは無料でご自宅に配達いたします.
Comme j'aime beaucoup les loisirs créatifs, ma famille m'a offert pour Noël du **matériel** de broderie de Lunéville.	私は手工芸が大好きなので, 家族がリュネヴィル刺繍の材料をクリスマスにプレゼントしてくれました.
Un certificat **médical** peut être exigé pour justifier votre absence en cas de maladie.	病欠の際には医師による診断書を求められることがあります.
C'est vrai que Matthias boit, mais à ma connaissance, il n'a jamais perdu la **mémoire** à cause de l'alcool.	マティアスが飲むのは確かですが, 私の知る限り, お酒で記憶を失くしたことは一度もありません.

mesure
☐☐ 155

au fur et à mesure
熟・慣 〜につれて

dans la mesure où
熟・慣 〜の範囲で，〜の限り

sur mesure
熟・慣 寸法に合った，要望通りの

moindre
☐☐ 156
形 より少ない；(定冠詞とともに) 最も少ない

normalement
☐☐ 157
副 普通に，通常に

or
☐☐ 158
接 ところで，ところが

Au fur et à mesure que la crise du coronavirus s'accroît aux États-Unis, elle semble se stabiliser en Chine.	アメリカ合衆国でコロナウイルス危機が増大するにつれて，中国では安定化しているように見えます.
Dans la mesure où le dossier est complet, une attestation de dépôt sera délivrée.	書類に不備がない限り，書類提出証明書が交付されます.
Outre des modèles standard, nous vous proposons également des modèles **sur mesure**.	標準モデルのほか，ご要望に合わせたモデルもご提案いたします.
Lorsque Jérémy a vu qu'un homme était en train de se noyer, il s'est lancé à son secours sans la **moindre** hésitation.	ジェレミはある男性が溺れているのを見て，少しもためらうことなく救助のため飛び込みました.
Les enfants de Thuy était très heureux de vivre enfin **normalement** après deux mois de confinement.	チュイの子どもたちは2ヶ月の外出制限令の後，ようやく普通の生活に戻れてとても幸せでした.
J'étais très inquiète pour Matthias mais aussi parce que je n'avais jamais mis les pieds dans un bar. **Or**, en arrivant, j'ai trouvé Matthias dans un état tout à fait inattendu: (...) (12 秋)	私は（酒飲みの）マティアスがとても心配でした，それにバーには一度も足を踏み入れたことがなかったのです. ところが，バーに到着すると，マティアスは思いもしなかった状態だったのです（酒を断ってしらふでした）. （…）

ouverture

□□ 159

囡 開くこと，開始

photographier

□□ 160

働 写真撮影をする

physicien,
physicienne

□□ 161

男 囡 物理学者

prévoir

□□ 162

働 予想する，予定する

comme prévu

熟・慣 予想［予定］通りに

priver A de B

□□ 163

働 A から B を奪う

se priver de

代動 〜なしで我慢する

Dès l'**ouverture** du rideau, les danseuses classiques envahirent la scène telle une floppée d'oiseaux.

幕が開くと, すぐにバレエダンサーたちが舞台中に鳥の群れのように登場しました.

La Bordelaise a refusé de se faire **photographier** par qui que ce soit.

そのボルドー出身の女性は, 相手が誰であれ, 写真を撮られるのを拒否しました.

Récemment, les **physiciens** ont fait des découvertes incroyables sur les trous noirs.

最近, 物理学者たちはブラックホールに関して信じられない発見をしました.

Notre embarquement **est prévu** pour 15 heures. (07 秋)

私たちの搭乗は 15 時からの予定です.

Il avait tout bien préparé pour le grand jour, mais le concours ne s'est finalement pas passé **comme prévu**.

彼はその日のためにしっかり準備してきましたが, 結局コンクールは予想通りには運びませんでした.

Léo **a été privé de** dessert par ses parents parce qu'il n'avait pas été sage.

レオはいい子にしなかったので両親にデザートを取り上げられてしまいました.

Après le tremblement de terre, on a dû **se priver de** l'eau potable et de l'électricité pendant quelques jours.

地震の後, 数日間は, 飲料水と電気なしで我慢しなくてはなりませんでした.

---

procéder à
□□ 164

動 〜を実施する

provoquer
□□ 165

動 引き起こす

quotidien,
quotidienne
□□ 166

形 日々の，毎日の

vie quotidienne

熟·慣 日常生活

au quotidien

熟·慣 通常は，日々

recruter
□□ 167

動 雇用［採用］する

En application du plan Vigipirate, les employés de la sécurité du musée **procéderont à** une inspection systématique des sacs des visiteurs.

ヴィジピラート（テロ対策）を受けて，博物館の警備職員は来場者の手荷物検査を例外なく実施することになります．

Certains produits ménagers **provoquent** une réaction allergique chez celles et ceux qui les utilisent.

家庭用洗剤の中には，使用者がアレルギー反応を起こすものがあります．

La compagnie aérienne assurait un vol **quotidien** entre Paris et Londres jusqu'à maintenant, mais elle a décidé de réduire ses vols.

これまでその航空会社は毎日1便パリとロンドンの間の航空便を運航してきましたが，減便することを決定しました．

Nous utilisons spontanément de très nombreuses métaphores dans la **vie quotidienne**.

私たちは日常生活の中で，とてもたくさんのメタファーを何気なく使用しています．

Mais **au quotidien**, une simple sortie chez le coiffeur, pour de jeunes mères, est une mission presque impossible.　　　　(09秋)

しかし通常は，（子どもを持つ）若い母親にとって，ただ美容室に出かけることですら，ほとんど不可能なことなのです．

Un an après l'obtention de son doctorat, Ioana **a été recrutée** en tant que maître de conférences dans une université de province.

博士号を取得して1年後，ヨアナ（イワナ）はある地方大学で准教授として採用されました．

---

réduction
□□ 168

囡 減少, 割引

rejeter
□□ 169

動 却下する, 拒絶する

réserve
□□ 170

囡 備蓄；倉庫；留保

réserve naturelle

熟·慣 自然保護区

résidence
□□ 171

囡 住居

ressentir
□□ 172

動 感じる

sociologue
□□ 173

男 囡 社会学者

Employer un salarié à domicile peut permettre d'obtenir une **réduction** d'impôt.	自宅勤務者（家政婦やお手伝いさんなど）を雇用すると税金の控除を受けられることがあります.
Le projet de rénovation de l'hôtel de ville **a été rejeté** par le conseil municipal en raison de contraintes budgétaires.	市役所の改修計画は予算の制約によって市議会で否決されました.
Le nouveau projet du gouvernement a été accueilli par les syndicats avec une certaine **réserve**.	政府による新しい計画は, 労働組合に慎重な留保つきで受け入れられました.
Cette zone est une **réserve naturelle** qui possède de nombreuses espèces animales et végétales uniques.	この区域は多くの独特な動植物が残っている自然保護区です.
De nombreuses **résidences** secondaires se trouvent dans cette petite ville balnéaire bien desservie par les transports.	交通の便がよいこの海辺の小さな街にはたくさんの別荘があります.
Qu'est-ce que Sophie **a ressenti** quand elle est rentrée en France ? (03 春)	ソフィーはフランスに帰った時, 何を感じましたか?
Les **sociologues** cherchent à expliquer l'organisation et l'évolution des sociétés et à comprendre les phénomènes sociaux.	社会学者は社会の組織と変化を説明し, 社会現象を理解しようと努めます.

sol

☐☐ 174

男 地面；床

subir

☐☐ 175

動 被る，受ける

syndrome

☐☐ 176

男 症候群

tâche

☐☐ 177

女 仕事，作業

tel, telle

☐☐ 178

代 形 そのような

Pour aujourd'hui, il suffit de passer l'aspirateur. Le **sol** a été lavé hier soir.

今日は掃除機をかけるだけでいいです. 床は昨晩洗浄されました.

Catherine en a assez de **subir** la fumée de ses voisins.

カトリーヌは隣人のタバコの煙にうんざりしています.

Chaque année une vingtaine de Japonais et Coréens souffrent du **syndrome** de Paris, trouble psychologique transitoire provoqué par la dure réalité de la vie parisienne.

毎年, 20人ほどの日本人と韓国人がパリ症候群にかかります. パリ症候群とは, パリの生活のつらい現実によって引き起こされる一時的な精神疾患です.

En France, même si les hommes consacrent plus de temps aux **tâches** ménagères qu'il y a vingt ans, ce sont toujours les femmes qui font le plus gros du travail.

フランスでは20年前よりも男性が家事をする時間が増えたものの, 家事をより多く行うのは未だに女性です.

« (...) **Tels** sont leurs motifs pour se mettre sur les rangs de ce nouveau métier », explique Isabelle Binoche, fondatrice de la première agence française du genre, Mamie-sitter. com.　　　　　　　　　　(12秋)

「(中略) 彼女たち (彼ら) がこの新しい職業に就く動機はそんなことなんです.」と, こうした業種のフランスにおける初の代理店, Mamie-sitter.com (高齢女性の世話人) の創業者イザベル・ビノシュは説明します.

tel(le) ou tel(le)

熟・慣 それぞれの

tel(le) que　熟・慣 ～のような

tel(le) quel(le)

熟・慣 そのまま

tendance

□□ 179

女 傾向；流行

terme

□□ 180

男 期日；用語

Ce livre est consacré aux Antilles et il est plein d'indications sur les services proposés dans **tel ou tel** hôtel.

この本はアンティル諸島について書かれたもので、それぞれのホテルで提供されるサービスに関する情報が豊富です。

Malgré le résultat de mes recherches que j'ai publié dans une revue, le prestige du physicien est **tel qu'**un grand nombre de journalistes continuent à prendre cette blague au sérieux. (09 秋)

私が科学雑誌で発表した研究結果があるにもかかわらず、物理学者（アインシュタイン）の威光によって、多くのジャーナリストがその冗談を真に受け続けているような状況です。

Comme le projet avait été un peu critiqué, les cadres de l'entreprise ont beaucoup hésité, mais ont finalement décidé de le laisser **tel quel**.

その計画は若干批判されたため、企業の役員は大いに躊躇したものの、結局はそのまま計画を変更しないことを決めました。

Le glamping, qui associe le « glamour » des vacances et le charme du camping traditionnel, est une nouvelle **tendance** de tourisme en plein air.

グランピングとは、ヴァカンスの魅惑（GLAMour）と従来型のキャンプ（camPING）の魅力を合わせたもので、アウトドア旅行の新しい流行です。

Ma tante marseillaise a accouché à **terme**. C'est un très beau bébé.

私のマルセイユの叔母は予定日に出産しました。とても可愛い赤ちゃんです。

à long terme

熟·慣 長期の

en bons termes

熟·慣 仲がよい

mettre un terme à

熟·慣 ~に終止符を打つ

trajet
□□ 181

男 (移動の) 行程

urbain(e)
□□ 182

形 都市の, 都会の

usager,

usagère
□□ 183

男 女 利用者

utilisateur,

utilisatrice
□□ 184

男 女 利用者

Pour la droite classique, la stratégie politique consistant à aller chercher les voix de l'extrême droite a été efficace à court terme, mais s'est révélée être un échec **à long terme**.	古くからの右派にとって，極右層の声をすくい上げる政治戦略は，短期的には効果的でしたが，長期的には失敗であることが明らかとなりました．
Nous avons rompu, faute d'amour mutuel, mais nous sommes restés **en bons termes** jusqu'ici.	お互いへの愛情がなくなったため別れましたが，今までのところ私たちは仲よくしています．
Boyer **a mis un terme à** sa carrière de cycliste en raison de douleurs chroniques aux reins.	ボワィエは慢性的な腰痛のために自転車競技のキャリアに終止符を打ちました．
Il est resté tranquille pendant le **trajet** ? (19秋)	彼は移動中ずっと静かでしたか？
Il devient désormais possible de profiter de la vie de la campagne sans avoir le sentiment d'être coupé de la vie **urbaine**. (03春)	今後は都会暮らしから切り離されたと感じることなしに，田舎暮らしを満喫することができるようになります．
Les **usagers** de la SNCF ont insisté pour que cette petite gare de campagne soit maintenue.	フランス国鉄の利用者たちは田舎のこの小さな駅が維持されることを強く要望しました．
Les **utilisateurs** de tablette ont doublé en six ans, mais le rythme de croissance a quelque peu ralenti ces dernières années.	タブレット端末の利用者は6年間で倍増しましたが，ここ数年は増加速度がいくぶん低下しました．

★★★★☆ 185-186　トラック40

verser
☐☐ 185

動 注ぐ，つぐ

動 支払う

voie
☐☐ 186

en voie de　熟・慣 〜しつつある

voie ferrée
熟・慣 線路，軌道

Versez un litre de lait dans une casserole et portez-le à ébullition.

鍋に牛乳1リットルを注ぎ，沸騰させてください．

Prière de **verser** la somme due avant la date indiquée sur le bordereau.

伝票に記載された期日までに必要な金額をお支払いください．

Le tramway sur pneu, encore en circulation dans certaines villes françaises, dont Clermont-Ferrand et Nancy, est **en voie de** disparition.

クレルモン＝フェランやナンシーを含むフランスのいくつかの都市で今も運行しているタイヤ式トラムは消滅の途上にあります．

Ana Medeiros a glissé en traversant la **voie ferrée** près de sa maison, et n'a pas réussi à se relever en raison de l'arthrite dont elle souffre. (07 秋)

アナ・メデイロスは自宅近くの線路を渡っている時に滑って転び，患っている関節炎のせいで立ち上がることができませんでした．

☆☆★★

PARTIE 3

96 mots

187-282

過去 18 年間で頻度 4 回以上の語

---

absorber
□□ 187

動 食べる，飲む

accent
□□ 188

男 アクセント，訛り

mettre l'accent sur

熟・慣 ～を強調する

accomplir
□□ 189

動 達成する

alerter
□□ 190

動 警告する

alimentation
□□ 191

女 食料品；食事，食生活

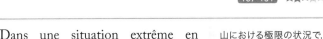
Dans une situation extrême en montagne, si l'on n'a pas d'eau, il est possible de s'hydrater un peu en **absorbant** de la neige.

山における極限の状況で，もし水がない場合は，雪を食べることでわずかに水分補給を行うことができます．

L'**accent** d'une personne peut parfois être un indice nous permettant de comprendre de quelle région ou de quel milieu social elle vient.

個人のアクセントは，時には，その人がどの地域もしくはどの社会階層の出身であるかを理解する指標となりえます．

Je voudrais **mettre l'accent sur** l'importance de ce problème.　(09秋)

この問題の重要性を強調したいと思います．

J'ai **accompli** ma mission dans la vie : faire un travail qui me passionne.

私は人生における自らの使命を達成しました．それは熱中できる仕事をすることです．

L'Agence nationale de sécurité sanitaire de l'alimentation, de l'environnement et du travail, (Acronyme Anses) **alerte** de la présence croissante des nanoparticules dans les produits de la vie courante.

国立食品環境労働衛生安全庁（略称 Anses）は，日用品におけるナノ粒子の増加に対して警告を発しています．

L'**alimentation** sans gluten peut coûter de deux à trois fois plus cher que celle contenant du gluten.

グルテンフリーの食品は，グルテンを含む食品よりも，値段が2倍から3倍高くなることがあります．

---

analyser □□ 192	動 分析する
application □□ 193	女 適用，実施
attitude □□ 194	女 態度
autorisation □□ 195	女 許可
avantage □□ 196	男 有利，有用性
baby-sitter □□ 197	男 女 ベビーシッター

Nous tâcherons d'**analyser** la cause de l'incident technique le plus rapidement possible.	私たちはできるだけ迅速に, その技術的支障の原因の分析に努めます.
Cette loi a été votée il y a déjà plus de 5 ans, mais son **application** prend plus de temps que prévu.	この法律は5年以上前に議決されましたが, その適用は予定よりも時間がかかっています.
La froideur de son **attitude** m'a fait m'éloigner de lui. (08秋)	彼の態度が冷たいので, 私は彼とは距離を置きました.
Pour les ressortissants d'un pays hors de l'Union Européenne (UE) et de l'espace économique européen (EEE), c'est le futur employeur qui doit faire une demande d'**autorisation** de travail.	欧州連合（UE）と欧州経済領域（EEE）以外の国籍の人について, 就業許可申請を行う必要があるのは, これから雇用主となる人です.
Au niveau du financement, notre équipe a l'**avantage** sur la vôtre. (19秋)	資金調達に関しては, 我々のチームはあなた方よりも有利な状況にあります.
Jacqueline et Hans cherchent une **baby-sitter** germanophone pour garder leurs deux enfants de deux et quatre ans.	ジャクリーヌとハンスは, 彼らの2歳と4歳になる2人の子どもの子守りのために, ドイツ語を話すベビーシッターを探しています.

blague

□□ 198

女 冗談；いたずら

bloquer

□□ 199

動 固定する；閉じ込める；足止めする

budget

□□ 200

男 予算

case

□□ 201

女 仕切り；欄

causer

□□ 202

動 引き起こす

Les poissons d'avril ne sont pas toujours une bonne idée pour l'image des entreprises : certaines marques ont pu parfois choquer le public en faisant des **blagues** de mauvais goût.

エイプリルフールは必ずしも企業によいイメージをもたらすものではありません. いくつかのブランドは悪趣味ないたずらをすることで, 時として人々を不快にすることがありました.

Deux alpinistes français voulaient tenter la semaine dernière l'ascension du K1 (le Masherbrum), mais ils **ont été bloqués** par des conditions météorologiques difficiles.

2人のフランス人アルピニストが, 先週K1（マッシャーブルム山）の登頂に挑戦するつもりでしたが, 悪天候により足止めを余儀なくされました.

Le gouvernement a du mal à équilibrer le **budget**. (03 春)

政府は予算を均衡させるのに苦慮しています.

Le « sudoku », un jeu de logique et de réflexion populaire aujourd'hui partout en Europe, consiste à remplir les **cases** vides avec les chiffres de 1 à 9.

「数独」という, 今日ヨーロッパ中で人気になっている論理と思考のゲームでは, 空欄を1から9までの数字で埋めていきます.

Ce médicament ne pose pas de problèmes si les doses sont respectées, mais il peut **causer** des effets secondaires graves si l'on dépasse les doses recommandées.

この薬は服用量を守れば問題は起こらないですが, 推奨された服用量を超えた場合は重大な副反応を引き起こす可能性があります.

célibataire
□□ 203
形 独身の

certes
□□ 204
副 確かに，もちろん

citer
□□ 205
動 引用する

commissariat
□□ 206
男 警察署

commode
□□ 207
形 便利な；容易な

compétence
□□ 208
女 能力

Deux jeunes ont juré de rester **célibataires**, jusqu'au moment où l'une d'entre elles va tomber amoureuse.

2人の若い女性は，どちらかが恋に落ちるまで，お互いに独身でいることを約束していたのでした．

Certes, il est très difficile de gagner sa vie en étant écrivain, mais c'est tout de même un métier vraiment passionnant.

確かに，作家として生計を立てることは困難ですが，それでもこれは本当に熱中できる仕事です．

Le médecin **a cité** une étude canadienne ancienne d'après laquelle la présence d'un être humain rassure son animal.

人がいることで，その人が飼っている動物が安心するというカナダの古い研究を医者は引用しました．

Il a déclaré au **commissariat** qu'il avait perdu son passeport.　(10秋)

彼はパスポートの紛失を警察署に届け出ました．

Si Moussa garde son pied-à-terre à Trois-Rivières, c'est surtout parce que c'est très **commode**.

ムサがトロワ゠リヴィエールにある仮住居を手放さないのは，とりわけ，それがとても便利だからです．

Le spécialiste interrogé par l'auteur de l'article n'avait aucune idée sur la **compétence** d'Einstein en matière d'écologie.　(09秋)

その記事の著者から質問を受けた専門家は，生態学についてのアインシュタインの能力に関しては何も知りませんでした．

---

condition

□□ 209

à condition de

熟・慣 ～という条件で

à condition que

熟・慣 ～という条件で

coupable

□□ 210

形 有罪の；(自分が) 悪い

男 女 犯人；原因

déchet

□□ 211

男 ゴミ, くず, 廃棄物

décret

□□ 212

男 行政命令, 政令

Pendant le confinement, sortir de chez soi est possible **à condition d'**avoir bien pris son attestation.

外出制限令の間は、（外出理由の）証明書を所持するという条件で外出が可能です。

Les patients sont acceptés dans cet établissement **à condition que** les symptômes soient légers.

症状が軽いという条件で、患者はこの施設に受け入れられます。

Les enfants de parents divorcés manquent de confiance en eux, voire se sentent **coupables**.

両親が離婚した子どもたちは自分に自信がありません。さらに言えば、（離婚は）自分のせいだと思うこともあります。

Le manque de budget n'est pas le seul **coupable** du retard des travaux.

予算不足だけが工事の遅れの原因ではありません。

Trier ses **déchets** est un geste très important pour la planète, mais il n'est pas toujours évident de savoir dans quelle poubelle il faut jeter tel ou tel déchet.

ゴミを分別することは地球（環境）にとって大事な行為ですが、様々なゴミをどのゴミ箱に捨てればよいかを知ることは必ずしも簡単ではありません。

Le **décret** du 23 mars 2020 a modifié la législation afin de pouvoir faire face à l'épidémie de coronavirus.

コロナウイルスの感染症拡大に対処することができるよう、2020 年 3 月 23 日の政令により法律が改正されました。

---

délivrer
□□ 213

動 解放する

動 交付する

déménager
□□ 214

動 引っ越す

déplorer
□□ 215

動 残念に思う，嘆く

député(e)
□□ 216

男 代議士，下院議員

désespérer
□□ 217

動 絶望する；失望させる

Il a été demandé au chef du régime militaire de **délivrer** immédiatement les prisonniers politiques.	軍事政権のトップは直ちに政治犯を解放するよう求められました.
Pour les Français habitant à l'étranger, les passeports **sont délivrés** soit par l'ambassade soit par les consulats du pays dans lequel ils résident.	外国に住むフランス人には，パスポートが居住する国の大使館もしくは領事館から交付されます.
Nous avons loué une camionnette de 20 m³ pour **déménager** de la Belgique vers l'Estonie.	私たちはベルギーからエストニアに引っ越すために容積20立方メートルの小型トラックをレンタルしました.
Après l'échec des négociations, la direction **a déploré** la décision des syndicats de faire grève à partir de la semaine prochaine.	交渉が決裂した後，来週からストライキを実施するという組合の決定に経営陣は遺憾の意を表しました.
Il ne faut pas confondre le nom de l'ancien **député**-maire de Lille avec celui du fameux fromage Maroilles, produit dans la même région.	元下院議員でリール市長でもあった人の名前と，同じ地域で製造される有名なチーズの名前マロワルとを混同してはいけません.
À ce moment précis de l'entretien, Inès **était** tellement **désespérée** qu'elle ne put se retenir de rire.	面談のまさにその時，イネスは絶望のあまり笑いをこらえることができませんでした.

diplôme
□□ 218

男 免状，学位

écologie
□□ 219

女 生態学；環境保護

écologique

形 生態学の；環境保護の

égalité
□□ 220

女 平等

élu(e)
□□ 221

男 女 当選者，議員

形 選出された

Cette offre d'emploi est accessible à tous, et aucun **diplôme** spécifique n'est requis.	この求人はすべての人が対象で，特定の学位は必要ではありません.
L'**écologie** signifie à la fois la science qui étudie l'environnement, mais également le mouvement politique dont le but est de protéger notre environnement.	エコロジーという単語は，環境を研究する科学と同時に，環境保護を目的とする政治運動をも意味しています.
Si auparavant le sujet n'était pas nécessairement abordé, désormais, tous les partis politiques sont obligés de présenter leurs positions sur les questions **écologiques**.	（環境保護という）話題は以前は必ず取り上げられていたわけではありませんが，今後はどの政党も環境問題に関する自らの立場を示さなくてはいけなくなっています.
Liberté, **Égalité**, Fraternité est la devise de la République française, mais aussi de la République d'Haïti.	自由，平等，博愛はフランス共和国の標語ですが，ハイチ共和国の標語でもあります.
Plusieurs **élus** municipaux se sont insurgés contre la disparition de la taxe d'habitation, qui permettait le financement de beaucoup de projets associatifs soutenant les plus démunis.	何人もの市議会議員が住民税の廃止に反対しました. 住民税は市民団体による多くの貧困層支援プロジェクトの財源になっていたからです.
Quelles sont les conditions pour être **élu** au 1er tour ?	第1回目の投票で選出されるための条件とは何でしょうか？

enlever	動 取り除く；脱ぐ
□□ 222	

évolution	女 発達, 進化
□□ 223	

exception	女 例外
□□ 224	

excès	男 超過
□□ 225	

gendarme	男 憲兵
□□ 226	

génération	女 世代
□□ 227	

Au Japon, on **enlève** systématiquement ses chaussures avant d'entrer chez quelqu'un.	日本では家に入る前に必ず靴を脱ぎます.
L'**évolution** linguistique des enfants est un sujet passionnant pour leurs parents.	子どもの言語能力の発達は両親にとってとてもおもしろい話のタネです.
« Le président, avant d'être élu, a lui-même évoqué la possibilité de prendre une mesure d'**exception** pour les commerces situés dans les petits villages », rappelle-t-il. (08 秋)	「大統領自身, 選出される前は, 小さな村にある商店のために例外的な措置を講じる可能性について言及していました.」と彼は指摘しています.
Au cours de son voyage, Kevin a été arrêté par la police pour **excès** de vitesse.	旅の途中, ケヴィンはスピード超過で警察に捕まりました.
Claude a donc refusé de signer le procès-verbal des **gendarmes**.	したがって, クロードは憲兵の調書にサインすることを拒否しました.
Je connais cette chanson, mais ce n'est pas de ma génération... C'était populaire plutôt chez la **génération** de mes parents.	この歌は知っていますが, 私の世代の歌ではありません…. むしろ私の両親の世代に人気がありました.

hasard

□□ 228

par hasard

熟・慣 偶然に，たまたま

au hasard

熟・慣 行きあたりばったりに

hectare

□□ 229

男 ヘクタール

hospitaliser

□□ 230

動 入院させる

hostile

□□ 231

形 敵対的な，過酷な

hypothèse

□□ 232

女 仮説

N'auriez-vous pas, **par hasard**, trouvé une carte de transport ? Je ne retrouve plus la mienne et je la cherche partout depuis tout à l'heure.

たまたま定期券を見つけていたりしませんでしょうか? さっきから私のが見あたらなくてあちこち探しているんです.

En suivant sur l'écran les mouvements des animaux munis d'émetteurs, ils n'ont plus besoin de chercher **au hasard** leur passage.

(11 秋)

発信機をつけた動物たちの動きを画面上で追うことで, 彼らはもう動物たちの足取りを行きあたりばったりに探す必要がなくなりました.

Grâce à son héritage, Margaux vient d'acheter un terrain de 5 **hectares**.

遺産を利用して, マルゴーは5ヘクタールの土地を買ったばかりです.

Le nombre de patients **hospitalisés** n'a cessé d'augmenter pendant toute cette période.

この期間中ずっと, 入院患者数の増加は止まることがありませんでした.

Ces caractéristiques étaient nécessaires pour survivre dans un environnement **hostile**.

これらの特徴は過酷な環境で生き残るためには必要なものでした.

Voici une figure pour te faire comprendre mon **hypothèse**. (03 春)

これは私の仮説を理解してもらうための図です.

identifier

☐☐ 233

動 身元確認する，特定する

immatriculation

☐☐ 234

女 登録，登記

interdiction

☐☐ 235

女 禁止

interview

☐☐ 236

女 インタビュー

juge

☐☐ 237

男 (女も可能) 裁判官，判事

local(e)

☐☐ 238

形 地域の，地元の

Ce sont les tests ADN qui ont permis d'**identifier** les victimes du tsunami.	津波の犠牲者の特定を可能にしたのは DNA 鑑定です.
À cause des 800 000 nouvelles **immatriculations** enregistrées en 2010, les autorités ont décidé début juillet 2011 de contrôler le nombre des voitures. (11秋)	2010 年に新たに 80 万台もの新車のナンバー登録が行われたことを受けて, 当局は 2011 年 7 月初めに自動車の台数制限を行うことを決めました.
En 2006, la France a connu des débats très animés sur l'**interdiction** de fumer dans les lieux publics.	2006 年, フランスでは公共空間における禁煙に関してとても活発な議論が行われました.
Cette journaliste flamande a réussi à décrocher une **interview** avec le roi.	このフラマン人ジャーナリストは国王とのインタビューの機会を手に入れました.
Un bon **juge** doit faire preuve d'humilité et être capable de rester concentré pendant les procès pouvant durer de longues heures.	よい裁判官というのは, 謙虚さを示し, そして長時間続くこともある訴訟の間, 集中力を保つことができなくてはなりません.
Le quotidien **local** en langue allemande Grenz-Echo est publié à Eupen, la capitale de la communauté germanophone de Belgique.	ドイツ語で書かれた地域日刊紙のグレンツ・エヒョーは, ベルギーにおけるドイツ語共同体の首府であるウーペン (オイペン) で発行されています.

mental(e)

形 心の，精神の

□□ 239

---

milliard

男 10億

□□ 240

---

minimum

形 最小の，最低の

□□ 241

---

montée

女 上昇，登ること

□□ 242

---

moyen,

moyenne

形 平均的な，中間の

□□ 243

Moyen Âge

熟・慣 中世

Savent-ils pourtant que cela peut causer des perturbations physiques ou **mentales** ? (14 秋)	しかしながら，彼らはこれが身体的あるいは精神的支障を引き起こしうることを知っているのでしょうか？
Il y a belle lurette que la population de l'Inde a dépassé un **milliard**.	インドの人口が 10 億を超えたのはだいぶ前のことです．
500 000 euros, c'est le montant **minimum** qu'il faut compter pour acheter une maison dans ce quartier.	50 万ユーロは，この地区で一軒家を買うために必要な最低限の金額です．
La **montée** et la descente des escaliers, lorsqu'elles sont possibles, peuvent constituer un exercice physique intéressant.	可能な時に階段の昇り降りをすれば，よい運動になりえます．
Les restaurants ne sont effectivement pas très chers dans cette ville, mais ce n'est tout de même pas donné par rapport au revenu **moyen** du pays.	この街のレストランは確かにそれほど高くないですが，とはいえこの国の平均収入と比べると安いわけではありません．
Notre établissement, éclairé entiè-rement à la bougie, vous permettra de plonger dans l'ambiance du **Moyen Âge**, avec nos serveurs en costume médiéval.	当レストランでは，全体がロウソクで照らされ，ウエイターは中世の衣装に身を包んでおり，中世の雰囲気に浸っていただけます．

être muni(e) de
□□ 244　　　熟・慣 ～を携帯する；～を備えている

natalité
□□ 245　　　囡 出生率

n'importe
□□ 246

n'importe quand
熟・慣 いつでも

n'importe quoi
熟・慣 何でも；滅茶苦茶なこと

objectif
□□ 247　　　團 目的

avoir pour objectif 名詞 /de 不定法
熟・慣 ～を目的とする

Les voyageurs doivent **être munis d'**un titre de transport valable et doivent le présenter lors du contrôle.	乗客は有効な乗車券を所持し，検札の際に提示しなくてはなりません．
Parmi les pays développés, le taux de **natalité** en France reste relativement élevé.	先進国の中でフランスにおける出生率は比較的高止まりしています．
L'avantage de demander des renseignements sous forme de formulaire en ligne est que l'on peut faire la demande **n'importe quand**, mais cela ne garantit pas non plus une réponse rapide.	オンライン形式で情報請求することの利点は，いつでも請求ができるという点ですが，だからといってすぐに回答が得られるとは限りません．
Chaque fois qu'il buvait, il faisait **n'importe quoi** et perdait la mémoire. (12秋)	お酒を飲むと，いつも彼は滅茶苦茶なことをして，記憶をなくしていました．
L'**objectif** principal de cet exposé consiste à familiariser les participants avec quelques outils de télétravail.	このプレゼンの主な目的は，参加者にテレワーク用のいくつかのツールに慣れ親しんでもらうことです．
Ces satellites **ont pour objectif** l'étude scientifique du nuage de plasma qui enveloppe la Terre.	これらの衛星の目的は，地球を包むプラズマ雲の科学的な研究です．

obscur(e)
□□ 248

形 暗い；不明瞭な；無名の

outil
□□ 249

男 道具

partenaire
□□ 250

男 女 パートナー，相手

posséder
□□ 251

動 所有する

pouvoir public
□□ 252

男 公権力

pratique
□□ 253

女 実践；慣行

Je n'arrivais pas à distinguer quoi que ce soit, car la pièce était trop **obscure**.

私は何があるのか一切識別することができませんでした。というのも部屋があまりに暗かったからです。

Quelques **outils** de bricolage sont indispensables pour faire de petites réparations dans votre maison.

いくつかの日曜大工道具は、自宅のちょっとした修繕を行うために必須です。

Aujourd'hui, le Japon est devenu le premier **partenaire** stratégique de l'Union Européenne.

今日、日本は EU の最重要な戦略的パートナーになっています。

C'est un vrai passionné de vieilles voitures : il en **possède** une dizaine, soigneusement entretenues dans son garage !

この人は本当のクラシックカー愛好家です。彼は約 10 台ものクラシックカーを保有し、ガレージで丁寧に維持管理しています！

Selon lui, les **pouvoirs publics** n'ont rien fait jusqu'à présent pour la santé des chômeurs.　　　(18 秋)

彼によると、公権力はこれまで失業者たちの健康に対して何も行っていません。

La **pratique** orale est effectivement plus rapide que l'apprentissage écrit, et plus efficace pour la vie courante. C'est d'ailleurs comme ça que nous avons tous appris notre langue maternelle.

話しことばの実践は確かに書きことばの習得よりも速くできることであり、日常生活にもより有効です。そもそも私たちは皆そうやって母語を身につけたのです。

---

professionnel, professionnelle

□□ 254

男 女 専門家

prononcer

□□ 255

動 発音する；宣告する

se prononcer

代動 表明する，言明する

prouver

□□ 256

動 証明する

quoique

□□ 257

接 〜にもかかわらず

rail

□□ 258

男 レール

Son ami Marc lui a présenté un **professionnel**, qui est devenu son entraîneur actuel.

友人のマルクは彼（女）にとある専門家を紹介したのですが，その方が今のコーチになりました.

Excusez-moi, auriez-vous l'amabilité de m'indiquer comment **prononcer** ce mot ? J'éprouve quelques difficultés à le lire.

すみません，この単語をどう発音するか教えていただくことはできますか？　ちょっと読むのが難しいのです.

Ce député **s'est prononcé** en faveur de la politique étrangère du gouvernement. (07 秋)

この議員は政府の外交政策に対して好意的な姿勢を表明しました.

Pour **prouver** que votre voisin écoute vos conversations, il faut trouver des pièces à convictions telles que micros placés dans les bouquets de fleurs ou dans la prise.

近所の人があなた方の会話を聞いていることを証明するためには，花束やコンセントの中に設置されたマイクのような証拠品を見つけなくてはなりません.

Quoique très savant, Mohammed est d'une grande modestie et d'une grande discrétion.

非常に博識であるにもかかわらず，モアメッドはとても慎み深くて控えめです.

En Espagne, l'écartement des **rails** est différent de celui des autres pays européens : 1,668 mètre contre 1,435 mètre ailleurs.

スペインでは，レールの幅が他のヨーロッパ諸国と異なります.（スペインでは）1.668 メートルで，（他の国では）1.435 メートルです.

règlement
□□ 259

男 規則

renifler
□□ 260

動 嗅ぐ

rénovation
□□ 261

女 改修，刷新

répandre
□□ 262

動 広げる，まき散らす

se répandre

代動 広がる，まき散らされる

résoudre
□□ 263

動 解決する

Dans la France rurale de la première moitié du XXe siècle, le **règlement** de l'école précisait qu'il fallait ôter ses sabots avant d'entrer en classe.	20世紀前半のフランスの田舎では，教室に入る前に木靴を脱がなくてはいけないことが校則に明記されていました．
L'Université agricole Sokoine de Tanzanie dresse ces rats qui **reniflent** des mines. (04春)	タンザニアのソコイネ農業大学は，地雷を嗅ぎわけるネズミの調教を行っています．
Le prix de la **rénovation** de l'appartement parisien peut varier de 250 € à plus de 2000 € TTC/m² en fonction de la complexité des travaux.	パリのアパルトマンの改修費は，工事の複雑さによって，1平米あたり税込250ユーロから2000ユーロの間で変わり得ます．
L'interdiction dc fumer est de plus en plus **répandue** dans tout le pays, que ce soit dans les restaurants, les bars, ou dans les transports en commun.	禁煙化は，レストランやバーであれ，公共交通機関であれ，全国的にますます広まっています．
Lundi dernier, les automobilistes ont vu des centaines de billets en dollars **se répandre** sur la chaussée.	先週の月曜日，ドライバーたちは車道上に数百枚ものドル札がまき散らされるのを見かけました．
Les négociations tenues jusqu'ici entre les syndicats et la mairie ont permis de **résoudre** les problèmes. (12秋)	これまでに諸組合と市役所の間で持たれた交渉によって，諸問題を解決することができました．

retenir □□ 264	動 引き留める，留め置く；考慮する
saut □□ 265	男 跳ぶこと，ジャンプ
sauter	動 跳ぶ，飛び上がる
séduire □□ 266	動 魅了する，惹きつける
séjour □□ 267	男 滞在
signer □□ 268	動 サインする，調印する
son □□ 269	男 音

Ce footballeur a annoncé qu'il n'**était** pas **retenu** dans l'équipe de France pour le tournoi de football des Jeux olympiques de Tokyo.

このサッカー選手は，東京オリンピックのサッカー競技において，フランス代表チームに選考されなかったことを報告しました．

Elle a découvert le sport et elle est devenue championne nationale junior du triple **saut**.

彼女はスポーツに出会い，三段跳びのジュニア部門の国内チャンピオンになりました．

Pour cette épreuve, il faut que le cheval **saute** par-dessus toutes les barrières sans les faire tomber.

この競技では，馬はすべてのハードルを落とすことなしに飛び越えなくてはなりません．

Pour **séduire** les visiteurs, nous vous aidons à arranger l'apparence de la maison que vous voulez vendre. (08 秋)

訪問者を惹きつけるために，私たちは売却予定の家の外観を改修するお手伝いをいたします．

De plus en plus de jeunes Français partent en **séjour** linguistique.

ますます多くのフランス人の若者が語学留学に行くようになっています．

Le traité de Maastricht, visant à fonder l'Union européenne, **a été signé** en 1992 aux Pays-Bas.

欧州連合の創設を目指したマーストリヒト条約は1992 年にオランダで調印されました．

Pourtant, le déroulement du départ s'était fait tout à fait normalement, avec la diffusion d'un message et un **son** annonçant la fermeture des portes. (18 秋)

しかしながら，（列車の）出発は，ドアが閉まることを知らせる放送と音を流すという全く通常の方法でなされていたのです．

---

sort
□□ 270
男 運命；結果；抽選

tirage au sort
熟・慣 くじ引き

soumettre
□□ 271
動 従わせる，（検診等を）受けさせる

supprimer
□□ 272
動 削除する

surveillance
□□ 273
女 監視

trace
□□ 274
女 足跡，痕跡

Le **sort** des candidats ne sera pas communiqué avant la date butoir.

受験者の結果は期日まで知らされることはありません.

L'attribution des premières immatriculations imposées par ce système se fera par un **tirage au sort** qui aura lieu le 30 novembre 2011. (11秋)

このシステムによる最初の（新車）登録者の選定は，2011年11月30日に実施のくじ引きによって行われます.

Le gouvernement a décidé de **soumettre** les touristes à un dépistage systématique de la Covid 19 à leur arrivée sur le territoire.

政府は旅行者たちがその国に到着した際にコロナウイルス検診を受けさせることを決定しました.

Comment peut-on **supprimer** la liste de l'historique des sites utilisés ?

閲覧したウェブサイトの履歴リストはどうすれば削除できるのでしょうか？

D'après l'hôpital, la dame ne faisait pas l'objet d'une **surveillance** particulière. (13秋)

病院によると，（入院中の）その女性は特別な監視が必要な対象者になっていませんでした.

Quand on supprime les fichiers temporaires et l'historique de notre PC, reste-t-il une **trace** des fichiers supprimés sur le disque dur ?

PCから一時ファイルや履歴を消去しても，消去したファイルの痕跡がハードディスクに残っているのでしょうか？

trentaine

□□ 275

囡 約30

---

véhicule

□□ 276

男 乗り物, 車

---

veiller à

□□ 277

動 ～に気をつける

veiller toute la nuit

熟・慣 徹夜する

---

se venger de

□□ 278

代動 ～に復讐する, 仕返しをする

---

vif, vive

□□ 279

形 活発な；鮮やかな；激しい

Il m'a demandé si je possédais un chat roux et si j'avais vécu à Dijon, ville située à une **trentaine** de kilomètres de ma maison actuelle.

(10 秋)

私が赤茶色の猫を飼っていたかということと，現在の家から約30km離れた街であるディジョンにかつて住んだことがあったかということを，彼は私に尋ねました．

Selon la police, le **véhicule** dans lequel elle a été bloquée sans nourriture est resté pendant deux semaines sous une température glaciale.

(13 秋)

警察によると，彼女が食べ物もない状態で閉じ込められていた車は，2週間の間，凍えるような寒さの中にありました．

Avant de descendre, **veillez à** ne rien oublier à bord du train.

お降りの際は，車内に忘れ物などなさいませんようお気をつけください．

Son mari étant souffrant, elle **a veillé toute la nuit** à son chevet.

夫が病気だったため，彼女は彼の枕元で徹夜で看病しました．

Pour **se venger du** service exécrable d'un restaurant du Vieux-Québec, les touristes français sont partis en oubliant délibérément de laisser un pourboire.

ケベック旧市街のとあるレストランでのひどいサービスに仕返しをするため，フランス人旅行者たちはわざとチップを置かずに出てきました．

La plainte déposée par des parents d'élèves contre un enseignant coupable d'avoir giflé leur fils a provoqué une **vive** émotion chez les professeurs.

(08 秋)

息子を平手打ちにした罪を犯した教員に対する保護者たちの苦情は，教師たちの間に激しい動揺を引き起こしました．

voleur,	男 女 泥棒
voleuse	
□□ 280	

zone	女 領域, 圏
□□ 281	

zoologique	形 動物の
□□ 282	

Le fait d'avoir de bonnes relations avec ses voisins peut parfois vous protéger d'éventuels **voleurs**.

隣人とよい関係を維持することは，時には泥棒から身を守ることにつながります．

Au Japon, on a souvent l'impression que tous les pays de l'UE appartiennent à la **zone** euro, mais en réalité, elle n'inclut pas certains pays nordiques (Suède, Danemark) et certains pays de l'Europe centrale (Pologne, Tchéquie, Hongrie etc.).

日本では EU のすべての国がユーロ圏に属しているという印象を持たれることがよくありますが，実際には，北欧諸国（スウェーデン，デンマーク）や中欧諸国（ポーランド，チェコ，ハンガリー）など，ユーロ圏に含まれない国々もあるのです．

Le premier parc **zoologique** du Portugal a été inauguré en 1884 à Lisbonne.

ポルトガル最初の動物園はリスボンで 1884 年に開園されました．

☆☆☆☆

PARTIE 4

221 mots

283-503

過去 18 年間で頻度 2 回以上の語

abîmer
□□ 283
動 損傷させる，傷める

s'abîmer
代動 損傷する，傷む

abroger
□□ 284
動 廃止する，撤廃する

absurde
□□ 285
形 馬鹿げた，不条理な

admission
□□ 286
女 入学，入場，入構

affiche
□□ 287
女 掲示物，ポスター

afin de
□□ 288
熟・慣 ～するために

Mon nouveau masque **est** déjà un peu **abîmé**. Il faut que je le répare rapidement.

私の新しいマスクはもう少し傷んでいます. 急いで直さなければなりません.

Attention, les produits peu chers sont parfois de mauvaise qualité et **s'abîment** très vite.

安い製品は質が悪いことがあり, すぐに損傷してしまうので注意してください.

Ce parti politique propose, entre autres, d'**abroger** la loi qui retarde l'âge de départ à la retraite.

この政党はとりわけ定年退職年齢を遅らせる法律の廃止を提案しています.

Il est **absurde** de demander aux universités d'accepter plus d'étudiants alors qu'il n'y a plus de salles de cours disponibles.

もうこれ以上使える教室がないのに, 大学にさらに多くの学生の受け入れを要請するのは馬鹿げています.

Les demandes d'**admission** à notre université se font exclusivement sur le site dédié à cet effet.

本学の入学申請手続きは専用のウェブサイトのみで行われます.

Sur l'**affiche**, il était indiqué qu'il fallait respecter les gestes barrières durant toute la durée de la crise sanitaire.

感染症禍が続く間はずっとウイルスを他人に移さない行動を心がけなくてはならないとポスターに記されていました.

Lorsque vous vous baignez sur cette plage, des équipes de sauvetage sont présentes de 9h à 18h **afin de** secourir une personne qui serait en train de se noyer.

この浜辺で海水浴をする時, 溺れている人を救助するために, 救助チームが9時から18時まで現場にいます.

alimenter

□□ 289

動 食べ物を与える；(資源，金銭などを)
提供する；勢いを維持させる

appliquer

□□ 290

動 貼る；塗る；適用する

s'appliquer

代動 貼られる；塗られる；適用される

aspect

□□ 291

男 外観，側面，様子

assurance

□□ 292

女 保険

assurance maladie

熟・慣 医療保険

attente

□□ 293

女 待つこと

Pendant ses quatre ans de mandat, Donald Trump **a** toujours **alimenté** les polémiques par ses prises de position très fortes sur Twitter.

4 年間の任期中，ドナルド・トランプはツイッター上で非常に強い意思表明をすることで常に論争を絶やしませんでした．

Il faut **appliquer** de la crème sur ta blessure. (08 秋)

傷には薬用クリームを塗らなくてはいけません．

Ce système **s'applique** aux Pékinois depuis le 1er novembre 2011 et 215 425 habitants ont déjà fait acte de candidature. (11 秋)

このシステムは 2011 年11 月 1 日から北京市民に適用され，すでに 21 万5425 人が申請を行いました．

En privé, cet acteur montre des **aspects** de sa personnalité qu'il ne laisse pas habituellement apparaître en public.

プライベートでは，その俳優は普段公の場では見せない性格の一面を見せます．

Cette entreprise propose des **assurances** destinées exclusivement aux femmes.

この保険会社は女性専用の保険を提供しています．

Le numéro de téléphone de l'accueil de l'**assurance maladie** est souvent très difficilement joignable.

医療保険の受付電話番号はしばしば非常に繋がりにくいです．

L'affichage du temps d'**attente** sur écran est désormais en place dans la grande majorité des stations de métro, de RER et de train de banlieue en Île-de-France.

待ち時間を表示するモニター掲示板は，今では，地下鉄やパリ近郊高速交通網（RER），イル・ド・フランスの郊外列車のほとんどの駅で導入されています．

répondre à l'attente

熟·慣 期待にこたえる

---

auparavant

□□ 294

副 以前に，かつて

---

aussitôt

□□ 295

副 すぐに

---

balcon

□□ 296

男 バルコニー

---

barrière

□□ 297

女 障壁，障害

---

base

□□ 298

女 基礎；基地

---

bavarder

□□ 299

動 おしゃべりする

Les plats servis dans ce restaurant laotien **répondent** toujours **à l'attente** de ses clients habituels.	このラオス料理店で提供される料理はいつでも常連客の期待にこたえています.
En l'espace de quelques décennies, la France a modernisé son réseau de communications comme jamais **auparavant** dans l'histoire. (03 春)	数十年の間に, フランスは通信網を史上かつてないほどに刷新しました.
Aussitôt, le rédacteur a contacté le bureau local pour vérifier l'information. (15 秋)	すぐさま, 記者はその情報を確かめるため支局に連絡しました.
Amine arrose les roses de son balcon, qui a obtenu cette année le premier prix au concours des **balcons** fleuris de la ville.	アミーヌは, バルコニーのバラに水やりをしています. そのバルコニーは, 市のバルコニー花壇コンクールで今年1位を取りました.
Ce projet, très ambitieux et novateur, a séduit tous les participants, mais son coût reste tout de même une **barrière** très importante pour la majorité.	この非常に野心的かつ革新的な計画は参加者全員を惹きつけましたが, その費用は大多数の参加者にとって非常に大きな障壁であり続けています.
Monsieur Dubois a été arrêté sur la **base** des informations et des témoignages recueillis par la police.	デュボワ氏は警察によって集められた情報と証言をもとに逮捕されました.
Nourdine et sa nouvelle collègue n'ont pas arrêté de **bavarder** pendant la réunion de l'équipe.	ヌルディーヌと彼の新しい同僚は, 部署の会議の間中しゃべり続けていました.

bénéficier de 動 ～の恩恵を受ける

☐☐ 300

bénéficier à

動 ～に恩恵をもたらす

carte de crédit

☐☐ 301　　　　　熟・慣 クレジットカード

censure 女 検閲

☐☐ 302

charge 女 負担；扶養；責任

☐☐ 303

prise en charge

熟・慣 （責任を）引き受けること；（金銭の）
負担，補助，払い戻し

Jean-François ne pouvait pas **bénéficier d'**une aide sociale parce qu'il était encore jeune. (07 秋)

ジャン゠フランソワは，まだ若かったため生活保護を受けることができませんでした.

Les négociations commerciales de l'OMC peuvent-elles **bénéficier à** l'industrie africaine ?

世界貿易機関（WTO）の貿易交渉は，アフリカの産業に恩恵をもたらすことができるでしょうか?

La **carte de crédit** rechargeable n'est pas associée à un compte bancaire. Elle est prépayée et rechargée selon vos besoins.

チャージ可能なクレジットカードは銀行口座に紐づけられていません. プリペイド式で，必要に応じてチャージが可能です.

Le gouvernement a mis en place un grand projet de système de **censure** qui est connu comme le « Grand Firewall ».

政府は Grand Firewall として知られる検閲システムの一大プロジェクトを開始しました.

Les frais de chauffage sont de grosses **charges** particulièrement dans les régions qui se situent au nord.

暖房費はとりわけ北部に位置する地方では大きな負担です.

Durant votre mission, la **prise en charge** de vos déplacements va de soi, bien évidemment. Vos frais de logement seront également pris en charge.

出張中は，移動にかかる費用補助はもちろん言うまでもありません. 宿泊費も補助されます.

chenille
□□ 304
女 毛虫

chien-loup
□□ 305
男 シェパード

chute
□□ 306
女 落下；(雨や雪が) 降ること

cinquantaine
□□ 307
女 約 50

cocher
□□ 308
動 チェックをつける，印をつける

communautaire
□□ 309
形 共同の，地域共同の

confirmer
□□ 310
動 確認する

L'association Papillarmor propose un moyen de nourrir les papillons tout en chassant les **chenilles** des herbes sauvages. (07 秋)

環境保護団体のPapillarmorは，野草から毛虫を駆除する一方で，蝶に餌を供給する方法を提案しています。

Le propriétaire de ce domaine bichonne ses **chiens-loups** tous les soirs après le souper.

この敷地の所有者は，毎晩夜食の後に，飼っているシェパードを可愛がり世話しています。

Les fortes **chutes** de neige de cette saison ont perturbé la circulation et les transports.

今季の豪雪により交通と輸送が混乱しました。

Une **cinquantaine** de gilets jaunes se sont regroupés sur le parking avant de se diriger vers le dépôt pétrolier.

50人ほどの黄色いベストを着たデモ参加者たちは，油槽所に向かって行く前に駐車場に集結しました。

Pour répondre à la question, merci de **cocher** la case correspondant à votre choix.

質問に回答するには，選択肢の対応する欄にチェックをつけてください。

Le terrain de tennis **communautaire** a été construit l'année dernière.

その地域共同のテニスコートは昨年建設されました。

Votre inscription au cours du soir de turc **sera confirmée** après réception du virement bancaire.

トルコ語の夜間授業の登録は，銀行振り込みの受領後に確定します。

conserver
□□ 311
動 保存する

se contenter de
□□ 312
代動 ～で満足する，～に甘んじる，～で済ませる

contribuer à
□□ 313
動 ～に貢献する

coûter cher
□□ 314
熟・慣 値段が高い

croissance
□□ 315
女 増加

dater de
□□ 316
動 ～にさかのぼる，～から始まる

La fermentation est une méthode traditionnelle utilisée pour **conserver** des aliments tels que les choux et les produits laitiers.

発酵は，キャベツや乳製品のような食品を保存するために用いられてきた伝統的な方法です．

Comme ils n'ont pas pu faire leur réunion à cause de la crise sanitaire, ils **se sont contentés de** quelques mails pour se mettre d'accord.

感染症禍で会議を行うことができないため，同意を得るのに何通かのメールで済ませました．

Le ralentissement des activités économiques dû au confinement **a contribué** considérablement **à** la réduction de la pollution de l'air.

外出制限令にともなう経済活動の停滞は大気汚染の減少に大きく貢献しました．

Les produits biologiques **coûtent** un peu plus **cher**, mais il y a une demande certaine.　　　(07 秋)

有機栽培の製品は他より少し値段が高いですが，確実な需要があります．

Avec une **croissance** de 0,6 % du taux de natalité, la France est parmi les premiers pays de la zone euro.

フランスでは出生率が0.6% 増加しており，ユーロ圏の上位国に入っています．

Je possède pas mal de vieux journaux en très bon état qui **datent de** 1930 à 1945 surtout lors de la seconde guerre.

私は 1930 年から始まり1945 年までの，特に第二次世界大戦中の，とても保存状態の良い古い新聞をたくさん所有しています．

---

déclencher

□□ 317

動 起動させる，引き起こす

dégât

□□ 318

男 損害

délicat(e)

□□ 319

形 繊細な，注意を要する

densité

□□ 320

女 密度

détérioration

□□ 321

女 悪化；損傷

Les rats pèsent à peu près 1,35 kg, ce qui leur permet de parcourir un champ de mines sans **déclencher** d'explosion. (04 春)

ネズミたちは体重が1.35kgほどなので，爆発を引き起こすことなく地雷原を走り回ることができます.

Suite à une inondation, son logement a subi d'importants **dégâts**.

洪水によって，彼（女）の住まいは大きな損害を受けました.

Il s'agit évidemment d'une question très **délicate** qui nécessite un débat approfondi entre les partenaires.

これは当然注意を要する問題であり，パートナー間での深い議論が必要です.

La France est le deuxième pays européen pour sa population totale, mais a une très faible **densité** de population comparée à certains de ses voisins comme les Pays-Bas.

フランスは総人口ではヨーロッパで2番目の国ですが，オランダのようないくつかの近隣諸国と比較すると人口密度は非常に低いです.

La **détérioration** des conditions de travail, illustrée par les coupures d'électricité ou les réductions de postes d'IATOS (ingénieurs, administratifs, techniciens, ouvriers de service), est devenue générale dans de nombreuses universités.

停電やIATOS（技官，事務職員，特殊技術者，施設管理職員）のポスト削減に代表される労働環境の悪化は，多くの大学において一般的になりました.

---

déterminer

□□ 322

動 確定する，決定する

disposition

□□ 323

à la disposition de

熟・慣 ～が自由に使える

prendre des dispositions contre

熟・慣 ～に対して措置を講じる

domaine

□□ 324

男 領域，分野

dose

□□ 325

女 分量，服用量

À l'heure actuelle, il n'est pas possible de **déterminer** la cause de l'incident survenu hier après-midi.

現在のところ，昨日の午後に起きたトラブルの原因を確定することは不可能です．

Une cinquantaine de véhicules sont **à la disposition des** abonnés, 24 heures sur 24. (02 春)

契約者たちには，24時間いつでも約50台の車両が利用可能になっています．

Le ministère **prend des dispositions contre** les violences faites aux femmes.

その省は女性に対する暴力の対策に乗り出します．

Le livre audio ainsi réalisé demeurait cependant à cette époque un **domaine** obscur, réservé, croyait-on, aux personnes ayant perdu la vue ou aux enfants en bas âge. (18 秋)

オーディオブックはそうして実現はしたものの，当時は広く世に知られていない分野にとどまり，視力を失った人や低年齢の子どもたち向けのものと思われていました．

Quel que soit le médicament, il est toujours très important de respecter les **doses** prescrites par votre médecin.

薬の種類が何であれ，医師が処方した服用量を守ることは常にとても重要です．

douleur
□□ 326

囡 痛み, 苦しみ

économiste
□□ 327

男 囡 経済専門家, 経済学者

s'écraser
□□ 328

代動 つぶれる, 轢かれる；墜落する

éditeur,
éditrice
□□ 329

男 囡 編集者；(男性名詞で) 出版社

effectuer
□□ 330

動 行う, 実行する

Si vous écrivez souvent des messages sur votre téléphone portable ou si vous jouez tout le temps dessus, vous aurez des **douleurs** au poignet.

携帯電話でよくメッセージを書いたり，いつもゲームをしていたりすると，手首が痛くなりますよ．

Cette **économiste** francophone de renom international est diplômée d'HEC. Elle est l'auteure de nombreux articles.

この国際的に有名なフランス語話者の経済専門家は，経営大学院（HEC）の修了者です．彼女は多くの論文を執筆しています．

L'avion **s'est** tout d'abord **écrasé** dans un champ, a rebondi sur une centaine de mètres et pénétré dans une forêt. (03 春)

飛行機はまず畑に墜落し，その後 100 メートルほどバウンドして森の中に突っ込みました．

Google ne se contente plus d'être le moteur de recherche du web mondial, il tient désormais à devenir aussi le premier **éditeur** du monde sans avoir jamais publié un seul livre. (13 秋)

グーグルはもはや世界的なウェブ検索エンジンにとどまることなく，これまで一冊たりとも（紙の）本を出版した経験がないのに，今や世界第 1 位の出版社になろうとしています．

L'avion a mystérieusement disparu alors qu'il **effectuait** un vol entre Kuala Lumpur et Pékin.

その飛行機はクアラルンプールから北京までの飛行中に謎の失踪を遂げました．

---

efficacité

□□ 331

女 効果，効率

électronique

□□ 332

形 電子の

encombrer

□□ 333

動 ふさぐ，妨げる

s'encombrer de

代動 ～を抱え込む，持て余す

en dépit de

□□ 334

熟・慣 ～にもかかわらず

envahir

□□ 335

動 侵入する；一杯にする

Le gouvernement de Taïwan a montré une grande **efficacité** dans la gestion de cette crise sanitaire sans précédent.	台湾政府は，前例のないこの感染危機の管理において，極めて効率的なやり方を見せました．
Il utilise souvent le courrier **électronique**, parce que c'est très commode. (04 春)	とても便利なので，彼は電子メールをよく使います．
Dans les rues étroites de la vieille ville, on voit souvent des voitures de livraison qui **encombrent** le passage d'autres véhicules.	旧市街の狭い通りでは，配送の車が他の車両の通り道をふさいでいるのがよく見られます．
À Noël, il est vrai que la tradition est d'acheter un vrai sapin, mais de plus en plus de personnes ne le font plus, n'ayant pas envie de **s'encombrer d'**un vrai sapin dans leur appartement.	確かにクリスマスには本物のモミの木を買うのが慣習ですが，アパートの中に本物のモミの木があると持て余してしまうので，次第に多くの人が買わなくなっています．
À ce moment-là, je me suis souvenue de mon chat appelé Gros Tigre. Il avait disparu en novembre 1995. Il n'avait pas été retrouvé **en dépit des** recherches. (10 秋)	その時，私は飼っていたグロ・ティーグルという名前の猫を思い出しました．その猫は1995年11月にいなくなりました．猫は探したにもかかわらず見つからなかったのです．
Ils fument en bavardant sur leur balcon et leur fumée **envahit** tout mon appartement. (14 秋)	彼らはバルコニーでお喋りしながらたばこを吸うので，その煙が私のアパート中に溢れるのです．

épargner
□□ 336

動 貯金する；(影響などを) 免れさせる

équivalent
□□ 337

男 対応するもの

espérance
□□ 338

女 希望，期待

espérance de vie

熟・慣 平均余命[寿命]

étaler
□□ 339

動 広げる，散らかす

s'étaler

代動 広がる，散らばる

D'après les données officielles, la crise du coronavirus a touché fortement l'Europe mais **a** relativement **épargné** l'Afrique, contrairement à ce que les spécialistes attendaient.

公式のデータによると，コロナウイルスの危機はヨーロッパに大きな影響を及ぼしましたが，専門家が予期していたのに反して，アフリカへの影響は比較的小さいものでした．

Phonétiquement, quel est l'**équivalent** de mon nom en alphabet japonais ?

音声的には，日本語の文字で私の名前はどのようになるのでしょうか？

La notion statistique d'**espérance** mathématique est de plus en plus connue même parmi les chercheurs en sciences humaines.

期待値という統計学の概念は人文科学の研究者の間でも徐々に知られつつあります．

Selon l'Insee, l'**espérance de vie** à la naissance s'élève à 79,8 ans pour les hommes et 85,7 ans pour les femmes en 2019 en France métropolitaine.

国立統計経済研究所（Insee）によると，フランス本土での平均寿命は 2019 年に男性で 79.8 歳，女性で 85.7 歳に達しています．

Diallo a une petite tendance à **étaler** ses affaires partout dans son appartement.

ディアロは自分のアパート中に持ち物を散らかしてしまう癖があります．

Le parc national de Nikko s'**étale**, principalement dans le nord du département de Tochigi, sur plus de 100 000 hectares.

日光国立公園は栃木県北部を中心に 10 万ヘクタール以上（のエリア）に広がっています．

expérimenter
□□ 340　　　　動 実験する

explication
□□ 341　　女 説明

exploser
□□ 342　　　動 爆発する

expression
□□ 343　　女 表現

favorable
□□ 344　　　形 好意的な，好ましい

fermeture
□□ 345　　　女 閉まること，閉鎖

fidèle
□□ 346　　　形 忠実な，誠実な

Chaque solution possible **est expérimentée** par le robot. (16秋)

可能な解決方法について1つずつ，ロボットによる実験が行われます．

Malgré ses **explications**, sa théorie reste obscure pour moi. (03春)

本人自身による説明にもかかわらず，彼（女）の理論は私にとってよくわからないままです．

À Beyrouth, des stocks de nitrate d'ammonium **ont explosé** causant des dégâts énormes dans toute la zone du port et même au-delà.

ベイルートでは保管されていた硝酸アンモニウムが爆発し，湾港地区全体とさらに他の地区でも甚大な被害が生じました．

La liberté d'**expression** est en danger dans ce pays depuis que le régime totalitaire a imposé une loi permettant de renforcer le contrôle des médias.

全体主義的な政権がメディアコントロールの強化を可能にする法律の導入を強行して以来，この国で表現の自由が危機に瀕しています．

Populaire dans les jardins français, la pelouse est loin d'être un espace **favorable** pour les papillons. (07秋)

フランスの庭園でよく知られている芝生は，蝶たちにとっては好ましい空間とは言い難いものなのです．

Le gouvernement vient d'annoncer la **fermeture** totale des bars et des restaurants jusqu'à ce que la situation sanitaire s'améliore.

政府は衛生状況が改善するまでバーとレストランを完全に閉鎖すると発表したばかりです．

J'essaie d'être toujours **fidèle** à ce qu'il m'a appris. (13秋)

私は彼が教えてくれたことにつねに忠実であろうと努めています．

forcément

☐☐ 347

副 必ず，必然的に

former

☐☐ 348

動 形成する，構成する

動 養成する，育成する

se former

代動 形成される，構成される

fuite

☐☐ 349

女 逃亡，流出

De nos jours ce n'est plus **forcément** que dans des épiceries asiatiques que l'on trouve de la sauce de soja.

今日では，醤油が見られるのはもはや必ずしもアジア食品店だけではありません．

La LGV Interconnection Est, traversant l'aéroport Charles de Gaulle et Marne-la-Vallée, est une ligne ferroviaire indispensable pour **former** le réseau TGV qui assure des liaisons entre les provinces sans desservir les gares intramuros de Paris.

シャルル・ド・ゴール空港とマルヌ・ラ・ヴァレを経由する東連絡高速線は，パリ市内の駅を通らずに地方間を結ぶ TGV ネットワークを形成する上で欠かすことのできない鉄道路線です．

Notre institut a pour objectif de **former** des journalistes qui sont spécialisés en politique internationale.

我々の学院の目的は国際政治に特化したジャーナリストを養成することです．

À la suite des élections du mois dernier, une nouvelle majorité parlementaire **s'est formée** avec trois partis, à savoir les partis centre-gauche, centriste et écologiste.

先月の選挙の結果，３つの政党，すなわち中道左派，中道派，環境政党の３党により新たな議会与党が構成されました．

Les voleurs ont pris la **fuite** avant l'arrivée de la police. (02 春)

泥棒たちは警察が到着する前に逃亡しました．

---

gigantesque
□□ 350
形 巨大な

grenier
□□ 351
男 屋根裏部屋

habituel, habituelle
□□ 352
形 習慣的な, 通常の

idéal(e)
□□ 353
形 理想的な

illégal(e)
□□ 354
形 違法の

illégalité
女 違法性

Anvers-Central (Antwerpen-Centraal en néerlandais) est une gare **gigantesque** comportant aujourd'hui 4 étages et 14 voies.

アントワープ中央駅（オランダ語でAntwerpen-Centraal）は，今日では4つのフロアと14のホームからなる巨大な駅です．

Guillaume a décidé de mettre dans son **grenier** tous les meubles dont il n'avait plus besoin.

ギヨームはもう必要のない家具をすべて屋根裏部屋にしまうことに決めました．

L'année dernière, la production de blé avait été très faible, mais elle devrait retrouver ses niveaux **habituels** cette année.

昨年は，麦の生産量がとても少なかったのですが，今年は通常程度の生産量を取り戻すはずです．

Lors d'une belle journée d'automne, une promenade en forêt est une activité **idéale** pour rester zen et se sentir revigoré.

天気のいい秋の日に森の中を散歩するのは，心を落ち着かせ，心身に新たな力を与えるのに理想的な活動です．

Faire subir des attouchements ou tenir des propos sexistes à une personne non consentante est tout à fait **illégal**.

同意のない相手を触ったり，性差別的な発言をすることは全くもって違法です．

Interviewée par *Libération*, la société a nié toute **illégalité** dans ses affaires.

リベラシオン紙のインタビューを受け，その企業は自らの事業における一切の違法性を否定しました．

imposer
☐☐ 355
動 課す，押しつける

inattendu(e)
☐☐ 356
形 予期しない

institut
☐☐ 357
男 研究所，学院

instrument
☐☐ 358
男 道具；楽器

**intellectuel,
intellectuelle**
☐☐ 359
形 知的な

interne
☐☐ 360
形 内側の，内部の

cf. **vols intérieurs** 国内便とも言う

L'enseignant a du mal à **imposer** un cadre qui fixe les règles de vie commune dans sa classe. (08秋)

その教師は，クラス内での共同生活のルールを定める枠組みを（生徒たちに）課すことに苦労しています．

Environ 500 bouquins vont être déposés dans tous les quartiers, dans des lieux publics, même **inattendus**. (17秋)

500冊ほどの本が，すべての地区で，予期せぬ場所も含めた公共空間に置かれます．

L'**Institut** culturel d'architecture de la Fédération Wallonie-Bruxelles a ouvert ses portes en 2019 à Namur.

ワロン・ブリュッセル共同体の建築文化学院は，2019年にナミュールで開校しました．

Cet **instrument** de musique fait partie de la tradition musicale celtique.

この楽器はケルトの音楽的伝統の一部をなしています．

Vivre à l'étranger, apprendre une nouvelle langue, avoir des activités culturelles, c'est aussi un exercice **intellectuel** capital pour conserver le cerveau vif. (12秋)

外国で暮らす，新しい言語を学ぶ，文化的な活動を行う，これらもまた脳を活発に保つために極めて重要な知的トレーニングです．

Suite au mouvement social, on prévoit que 50 % des vols **internes** partant de l'aéroport Marseille-Provence vont être annulés.

社会運動（ストライキ）に続いて，マルセイユ・プロヴァンス空港発の国内便の半数が欠航する見込みです．

	男 女 インターン，研修医

intoxication
☐☐ 361
女 中毒

intriguer
☐☐ 362
動 好奇心［関心］をそそる

isolement
☐☐ 363
男 孤立；隔離

juger
☐☐ 364
動 判断する

largement
☐☐ 365
副 広く，十分に；少なくとも

Les **internes** en médecine ont été largement utilisés pendant la crise de la Covid 19, pour pallier au manque de main d'œuvre dans les hôpitaux.

研修医たちは, 病院における労働力の不足を補うために, Covid 19 の危機の間広く活用されました.

L'**intoxication** alimentaire est à éviter à tout prix.

食中毒はなんとしても避けたいです.

Elle **a** toujours **été intriguée** par le peu d'intérêt des Français pour l'Afrique contemporaine.

彼女は, 現代アフリカに対するフランス人の関心の低さに常々関心を抱いてきました.

L'**isolement** des personnes âgées est l'un des problèmes les plus préoccupants des sociétés modernes.

高齢者の孤立は現代社会における最も気がかりな問題の一つです.

Je pense avoir assez d'expérience pour pouvoir **juger** la différence entre le système médical des deux pays.

私は両国の医療システムの違いを判断できるのに十分な経験を持っていると考えます.

Certains exilés découvrent pourtant qu'en France la vie n'est pas si facile. Les hivers sont rudes, et les habitants aussi parfois. Mais la plupart du temps, la réalité est **largement** à la hauteur des espérances. (04 春)

しかしながら亡命者の中には, フランスでは生活はそれほど楽ではないと思い至る人もいます. 冬は厳しく, 住民もときにつっけんどんです. ただ, 多くの場合, 現実は少なくとも期待に見合っています.

loisir
□□ 366

男 余暇

maintenir
□□ 367

動 維持する；押し通す

marocain(e)
□□ 368

形 モロッコの

massif,
massive
□□ 369

形 大規模な，大量の

mineur,
mineure
□□ 370

男 女 未成年者

mobile
□□ 371

男 携帯電話

＊ **téléphone mobile** とも言う

Aujourd'hui, de nombreux parents sont confrontés à un problème quotidien, pour leurs sorties et **loisirs** : avec ou sans enfants ? (09 秋)

今日多くの親たちは，外出や余暇の際に子どもと一緒に行くか行かないかという日常的な問題に直面しています．

Il a été décidé de **maintenir** la conférence malgré les manifestations prévues cet après-midi.

今日の午後，デモが予定されているにもかかわらず，会議を決行することが決められました．

Française d'origine **marocaine**, elle est une des rares personnalités politiques nées de parents immigrés maghrébins à avoir occupé un poste de ministre.

モロッコ系フランス人である彼女は，マグレブ系移民の両親から生まれ，大臣の職を務めた数少ない政治家の一人です．

Puis, subitement, un changement **massif** s'est produit : dans les poussettes, les enfants ont été orientés vers l'avant. (07 秋)

そして，突然，大きな変化が起きました．ベビーカーの中で子どもたちが前向きに座らせられたのです．

En France, actuellement, près d'un mariage sur deux ne dure pas et 2,9 millions de **mineurs** vivent avec un seul parent. (11 秋)

フランスでは，現在，2組に1組の夫婦が離婚し，290万人の未成年者が片方の親と暮らしています．

Contrairement aux générations précédentes, la génération née dans les années 2000 a toujours connu le téléphone **mobile** et a grandi avec.

上の世代とは異なり，2000年代に生まれた世代は最初から携帯電話が存在していて，携帯電話と共に育ってきました．

modestie
□□ 372
　　　　　女 謙虚さ, 節度

mordre
□□ 373
　　　　　動 噛む

municipalité
□□ 374
　　　　　女 地方自治体（市町村など）

notamment
□□ 375
　　　　　副 特に

occupation
□□ 376
　　　　　女 職業, 仕事, 用事

　　　　　女 占領, 占拠

Les paroles de ce député européen manquent cruellement de **modestie**.

このヨーロッパ議会議員の発言はひどく謙虚さを欠いています.

Il est tellement impatient que, si je traîne un peu au lit, il me **mord** à coup sûr. (18 秋)

私の犬は待ちきれずに，私が少しでもベッドでぐずぐずしていると必ず噛みついてきます.

Au sein des **municipalités**, surtout à Paris, on craint une invasion de vélos sur les trottoirs, déjà bien encombrés par les scooters et les motos. (18 秋)

地方自治体，とくにパリでは，スクーターやバイクですでに十分に塞がっている歩道に自転車が入り込んでくることが懸念されています.

Carine prend régulièrement sa voiture pour se déplacer, **notamment** lorsque ses clients habitent dans un endroit trop éloigné pour que l'on puisse s'y rendre en transports en commun.

特にお客さんが公共交通機関で行くには遠すぎる所に住んでいる場合，カリーヌは決まって車で移動します.

Sa principale **occupation** est de jardiner. (15 秋)

彼（女）の主な趣味は庭いじりです.

De nombreux francophones sont issus de pays qui ont connu l'**occupation** française avant de devenir indépendants.

フランス語話者には，独立する前にフランスの占領を経験した国々の出身者が多くいます.

outre

☐☐ 377

前 〜以外に

en outre

熟・慣 そのうえ，さらに

panier

☐☐ 378

男 かご

parcourir

☐☐ 379

動 歩き［走り］まわる

particulièrement

☐☐ 380

副 特に

parvenir

☐☐ 381

動 到達する；できるようになる

passion

☐☐ 382

女 情熱；熱中

Outre la piscine, vous trouverez dans notre zone détente un jacuzzi et un sauna.	プール以外にも，リラックスゾーンにはジャグジーとサウナがございます．
Le tout nouveau président a placé un de ses proches à la tête de la chaîne de télévision publique. **En outre**, il a fait licencier les journalistes qui l'avaient trop ouvertement critiqué pendant la campagne.	大統領は就任早々，公共テレビ局のトップに自分の側近の一人を任命しました．さらに選挙期間中に彼を大っぴらに批判しすぎた記者たちを解雇させたのです．
En plastique, en matières naturelles ou en métal, on a plusieurs choix de **paniers** à linge.	プラスチック製，自然素材，金属製と，洗濯かごにはいろいろな選択肢があります．
Un homme né dans la province du nord-est de la Chine est devenu le premier à **parcourir** tout le pays à pied.	中国東北地方の省で生まれたある男が，全国を歩いて回った最初の人になりました．
L'opinion publique a été **particu-lièrement** choquée par les propos misogynes de ce politicien.	世論はこの政治家の女性蔑視発言に特に不快感を示しました．
Pour **parvenir** à maîtriser le français avec beaucoup d'aisance, je vous conseille d'écouter France Culture.	フランス語を自然に使いこなせるようになるためには，France Culture を聞くことをお勧めします．
Après la mort de sa femme, il s'est pris de **passion** pour la peinture. (07 秋)	妻の死後，彼は絵画に熱中し始めました．

pauvreté

□□ 383

女 貧困

pensionnaire

□□ 384

男 女 (老人ホームなどの) 入所者

pharmaceutique

□□ 385

形 薬学の, 製薬の

placer

□□ 386

動 置く, 位置づける

se placer

代動 席に着く；設置される

plat(e)

□□ 387

形 平らな；炭酸のない

Le nouveau Président a déclaré que la lutte contre la **pauvreté** serait la priorité de son mandat.	新しい大統領は貧困との戦いが自身の任期における優先事項になると宣言しました.
Une semaine après, c'est un **pensionnaire** de 85 ans d'une maison de retraite de l'Anjou qui a été retrouvé mort dans le parc de la résidence. (13秋)	1週間後, アンジュー地方の老人ホームの庭園で亡くなった状態で見つかったのは, そのホームの85歳の入所者でした.
Les théories du complot à propos du coronavirus évoquent parfois l'influence et les intérêts des industries **pharmaceutiques** dans la production des vaccins.	コロナウイルスに関する陰謀論は, 時としてワクチン製造における製薬会社の影響力や利益について言及しています.
Le classement européen de l'espérance de vie **place** la France en tête. (02春)	ヨーロッパにおける平均寿命のランキングでフランスは首位に位置づけられています.
Une fois, en effet, deux cirques **s'étaient placés** en face de la mer et, le soir, les éléphants se promenaient sur la plage, faisant ce que l'on peut imaginer. (16秋)	(海岸で象が歩くのを禁止するル・アーブルの政令を受けて) 以前は, 確かに2つのサーカスが海沿いに設置され, 夜に象が海岸を散歩して, ご想像できますように(海を汚)していました.
On va vous prendre une bouteille d'eau **plate** et une demi-bouteille d'eau gazeuse, s'il vous plaît.	炭酸なしの水をボトル1本と, 炭酸水のハーフボトルを1本お願いします.

à plat ventre

熟・慣 うつ伏せで，腹ばいで

poussette

□□ 388

女 ベビーカー

＊**poussette bébé** とも言う

préoccuper

□□ 389

動 心配させる

se préoccuper de

代動 ～を心配する

preuve

□□ 390

女 証拠，証明

prochainement

□□ 391

副 まもなく，近いうちに

Lors des exercices militaires, il est demandé aux soldats de se mettre **à plat ventre**.

軍事訓練の際，兵士たちは腹ばいの姿勢を取るよう要求されます．

Pour se balader en famille, la **poussette** bébé est l'équipement indispensable.

家族で散歩するために，ベビーカーは必須の装備です．

Cette pratique surprenante n'est pas en Allemagne le fait d'un seul individu particulièrement **préoccupé** par la protection de ses données personnelles. (17秋)

（自分のIC身分証を電子レンジで破壊するという）この驚くべき行動は，ドイツでは，個人情報の保護を特に心配した一個人のみの事例ではありません．

Les spécialistes **se préoccupent** aussi **de** la distribution équitable des vaccins contre la Covid-19 entre les pays développés et les pays en voie de développement.

専門家たちは，Covid-19のワクチンを先進国と発展途上国の間で平等に分配することについても心配しています．

Les marathoniens durent faire **preuve** de persévérance en montant vers le château de Buda à Budapest.

マラソン選手たちは，ブダペストのブダ城に向けての昇りで，持久力を試されました．

Le nombre de cartouches de cigarettes qu'un particulier peut rapporter en France après un séjour pourrait **prochainement** chuter à une par personne, contre 4 actuellement.

（国外）滞在の後に個人がフランスに持ち込めるタバコのカートン数は，現在一人4個ですが，まもなく一人あたり1個に減少する可能性があります．

proportion
□□ 392

囡 比率，割合

propriété
□□ 393

囡 所有物，所有地；邸宅

publicité
□□ 394

囡 宣伝，広告

se rapprocher de
□□ 395

代動 ～に近づく

rayer
□□ 396

動 傷をつける；（線を引いて）消す

rayon
□□ 397

男 半径

Selon une autre recherche menée dans 45 pays européens, sur les 576 espèces étudiées, 71 sont considérées comme menacées, bien que la **proportion** ne soit pas identique à travers toute l'Europe. (07 秋)

ヨーロッパ 45 ヶ国で実施された別の研究によれば，調査された 576 種のうち 71 種が危機に瀕していると考えられます．ただし，ヨーロッパ全体でその割合が一定というわけではありません．

Les incendies ont embrasé les **propriétés** et les champs agricoles dans un état du sud de l'Australie.

火災によってオーストラリア南部の州にある住宅や耕作地が炎上しました．

Faire de la **publicité** peut être un moyen pour une entreprise de se faire connaître, ou bien de se donner une image positive auprès du public.

宣伝を行うことは企業にとって知名度を上げたり，大衆に良いイメージを与えるための手段になり得ます．

Ce TGV provenant de Francfort circulait à une vitesse d'environ 320 km/h, et il **se rapprochait de** la gare de Valence TGV, qu'il ne dessert pas.

フランクフルト発のこの TGV は時速約 320km で走行し，通過駅であるヴァランス TGV 駅に近づこうとしていました．

Si tu t'es trompé, **raye** la phrase et recommence en-dessous.

もし間違えたら，文に線を引いて消して，その下に書き直してね．

Malgré le confinement, il est autorisé de faire du sport ou de se promener dans un **rayon** maximal de 10 kilomètres autour de votre domicile.

外出制限令にもかかわらず，自宅の周囲半径 10km 以内での運動や散歩は許可されています．

récolter

□□ 398

動 収穫する, 得る

refuge

□□ 399

男 避難所, 隠れ家

rémunérer

□□ 400

動 報酬を与える

renforcer

□□ 401

動 強化する

reproduction

□□ 402

女 再生産；繁殖

réseau

□□ 403

男 ネットワーク

rideau

□□ 404

男 カーテン

rumeur

□□ 405

女 噂

L'année dernière, Louis **a récolté** énormément de pommes de terre.	昨年，ルイはとてもたくさんのジャガイモを収穫しました．
Ce parc naturel, longeant la côte sur une dizaine de kilomètres, est un **refuge** pour les oiseaux migrateurs.	約10キロにわたって海岸沿いに伸びているこの自然公園は，渡り鳥にとっての避難所です．
Comment le travail **est**-il **rémunéré** ? (11秋)	その仕事はどのような報酬が得られるのですか？
On peut se protéger contre la grippe en **renforçant** son immunité.	免疫力を強化することでインフルエンザから身を守ることができます．
L'organisme a pour mission de contribuer à la conservation et à la **reproduction** d'espèccs d'animaux menacées afin de les réintroduire dans les milieux sauvages.	その機関は，絶滅の危機に瀕している動物種を野生環境に戻すために，種の保全と繁殖に貢献することを使命としています．
Les plus jeunes ne peuvent plus vivre sans les **réseaux** sociaux.	最若年層はもはやSNSなしに生活することができなくなっています．
Les chambres sont équipées de volets mais ne disposent pas de **rideaux**.	寝室にはよろい戸が設置されていますが，カーテンは取り付けられていません．
À l'origine de cette **rumeur** se trouve un post sur Facebook, massivement partagé par les parents. (19秋)	この噂は，親たちによって広く拡散されたFacebook上のある投稿が発端になっています．

rupture
□□ 406

女 断絶；絶交；急変

rural(e)
□□ 407

形 田舎の

sans-abri
□□ 408

男 女 ホームレス

scolarité
□□ 409

女 就学，教育

secouriste
□□ 410

男 女 救護隊員

somnifère
□□ 411

女 睡眠薬

La crise sanitaire a entraîné de nombreuses **ruptures** de stocks dans les supermarchés, notamment pour les pâtes, le riz, et le papier toilette.

衛生危機によりスーパーマーケットにおいて特にパスタや米，トイレットペーパーの在庫切れが多く引き起こされました．

Les nouveaux **ruraux** ont, pour l'essentiel, les mêmes modes de vie, les mêmes aspirations et les mêmes loisirs que les urbains.

（都会からの）新たな田舎移住者たちは，概して，都会人たちと同じ生活様式，同じ要求，同じ余暇を持っています．

Chaque année, un certain nombre de **sans-abris** trouvent ainsi la mort dans la rue.

毎年，何人ものホームレスたちがこうして路上で亡くなっています．

Ensuite pourtant il a dû retourner à contrecœur à Montréal pour la **scolarité** de ses enfants, qui étaient nés entre-temps. (11秋)

しかしその後，その間に生まれた子どもたちの就学のため，彼は不本意ながらモントリオールに戻らなくてはなりませんでした．

Lorsqu'un accident arrive, il faut toujours demander aux **secouristes** la conduite à tenir.

事故が起きた際には，必ず，救助隊員にとるべき行動を尋ねなくてはなりません．

Avant la projection du film, un élève qui avait volé une boîte de **somnifères** à sa mère en a distribué à quatre de ses camarades en croyant qu'ils pourraient faire un rêve extraordinaire. (10秋)

映画の上映前に，母親から睡眠薬の箱を盗んでいた生徒は，素晴らしい夢が見られると信じて，同級生のうち4人に薬を配りました．

source
□□ 412

囡 源, 情報源

sourd(e)
□□ 413

形 耳が聞こえない

spontané(e)
□□ 414

形 自発的な；自生の；率直な

sportif, sportive
□□ 415

形 運動が好きな

stress
□□ 416

男 ストレス

suffisamment
□□ 417

副 十分に

Le journaliste qui a révélé cette affaire a refusé de donner l'identité de la personne qui lui a fourni l'information, rappelant qu'aucun journaliste n'est obligé de donner ses **sources**.

その事件を暴露したジャーナリストは, いかなるジャーナリストも情報源を教える義務がないと再度述べて, 情報提供した人の身元を明かすことを拒否しました.

Être **sourd** est un réel handicap qui peut parfois donner à la personne sourde un sentiment d'isolement, à cause de la difficulté à participer aux conversations de groupe.

耳が聞こえないことは, 本当のハンディキャップです. というのは, グループの会話に参加することが困難なために, 時には孤独感を感じることがあるからです.

Plusieurs communes ont fermé leurs jardins publics pour créer des espaces de végétation **spontanée**.　(07 秋)

植物が自生するための場所を作り出そうと, いくつもの市町村が公園を閉鎖しました.

Et je n'étais pas du tout **sportif** à l'époque.　(13 秋)

そして私はその頃, 全く運動好きではなかったのです.

Marie-Paule accumule beaucoup de **stress** dans son travail en tant que directrice, mais c'est vite oublié dans l'eau quand elle nage à la piscine.

マリー・ポールは, 部長としての仕事のストレスが鬱積していますが, プールで泳ぐとすぐにそれを水の中で忘れ去ることができます.

Assurez-vous de garder toujours **suffisamment** de distance de sécurité avec le véhicule qui vous précède.

先行車との間に常に十分な安全距離を確保するよう気をつけてください.

suspect(e) ☐☐ 418	形 疑わしい，不審な
	男 女 容疑者
suspendre ☐☐ 419	動 吊るす，かける
	動 中断する
tandis que ☐☐ 420	熟・慣 ～である一方，～する間に
taux ☐☐ 421	男 比率，割合；レート
territoire ☐☐ 422	男 領土；居住地域

Les voyageurs du TGV sont obligés de mettre une étiquette visible, marquant le nom et le prénom du possesseur, sur le bagage. Sinon, on estime que c'est un colis **suspect**.

TGV の乗客は，持ち主の姓名を記したタグを荷物の見える位置に付けなくてはいけません．タグがない場合は不審物とみなされます．

La police a arrêté un des **suspects** de l'attentat.

警察はテロ事件の容疑者の1人を逮捕しました．

À Paris et dans de nombreuses villes, il est interdit de **suspendre** son linge sur le balcon.

パリや多くの街では，洗濯物をバルコニーに吊るして干すことが禁止されています．

Le juge a été obligé de **suspendre** la séance. (10 秋)

裁判官は審議の中断を余儀なくされました．

Tandis que la touriste liégeoise nageait dans le lac thermal de Hévíz, elle vit une carpe se faufiler entre les nénuphars.

リエージュ出身のその観光客がヘーヴィーズ温泉湖で泳いでいると，スイレンの間をすり抜けてゆく1匹の鯉が見えました．

Dans ce lycée, le **taux** de réussite au bac l'année dernière était de 100 %, ce qui est un cas unique dans le département.

その高校では昨年度のバカロレアの合格率は100%で，同県における唯一の例でした．

Il a vécu cinq ans dans un **territoire** inuit, où il a participé à diverses activités. (11 秋)

彼は5年間イヌイットの居住地域で生活し，そこで様々な活動に参加しました．

Union Européenne

□□ 423　　　　　熟·慣 欧州連合（EU）

urgence

□□ 424　　　　　女 緊急

user

□□ 425　　　　　動 使う；消耗させる

usage

男 使用

vérifier

□□ 426　　　　　動 確認する；検査する

vieillir

□□ 427　　　　　動 年を取る，老朽化する

Après le Brexit, la crise du coronavirus est un nouveau défi qui met
en cause la solidité et la capacité
à collaborer des états membres de
l'**Union Européenne**.

Brexit の後，コロナウイル
スの危機は欧州連合の加
盟国間の信頼性と協調性
に疑問を投げかける新たな
脅威となっています．

Cet état d'**urgence** en vigueur depuis
les attentats de Paris ne pourra pas
être prolongé indéfiniment.

パリのテロ事件以来効力の
あるこの緊急事態宣言は無
期限に延長することはでき
ません．

Il y a un système de récupération des
eaux **usées** pour économiser l'eau et
éviter de faire couler la chasse d'eau
avec de l'eau potable.

水を節約したり，飲用水を
使ってトイレを流すことを
避けるために，生活排水を
回収するシステムがありま
す．

Comme dans le cas du tabac ou
de l'alcool, arrêter tout d'un coup
l'**usage** du portable peut provoquer
des sentiments d'anxiété et
d'isolement.

タバコやお酒の場合と同じ
ように，携帯電話の使用を
突然やめることは不安感や
孤独感を引き起こす可能性
があります．

Je vais regarder mon emploi du
temps pour **vérifier** que c'est
possible de faire la réunion ce jour-
là.

その日に会議を行えるかど
うか確認するために予定表
を見てみます．

Depuis, le zoo de Paris **a vieilli**. (06 春)

それ以降，パリ動物園は老
朽化しました．

---

violence

□□ 428

女 暴力

web

□□ 429

男 ウェブ

à l'insu de

□□ 430

熟·慣 〜の知らない間に

abstrait(e)

□□ 431

形 抽象的な

agacer

□□ 432

動 いらだたせる，不快感を抱かせる

amplifier

□□ 433

動 拡大する，拡充する；誇張する

appréhender

□□ 434

動 把握する；逮捕する；懸念する

En moyenne, 25 femmes meurent chaque année en Suisse de **violence** domestique.	平均すると，スイスでは毎年 25 人の女性が家庭内暴力で亡くなっています．
Les étudiants et étudiantes doivent consulter régulièrement le site **web** du département afin de s'informer des démarches à suivre.	学生たちは，取るべき手続きに関する情報を得るために，学科のウェブサイトを定期的に閲覧しなければなりません．
Tu dois veiller à ce que les animaux ne sortent pas **à ton insu**. (07 秋)	知らない間に動物たちが出て行かないように見張っていないといけないよ．
On accuse souvent les maths d'être **abstraites** et inutiles... (04 春)	数学はしばしば抽象的で役に立たないと非難されますが ...
Le mairc, **agacé** par la pollution, a signé ce décret.	市長は汚染に対して不快感を抱いており，この政令に署名しました．
Le premier ministre a annoncé que le projet de loi allait permettre d'**amplifier** le système d'allocation logement déjà en place : le nombre de bénéficiaires devrait doubler après la réforme.	首相は，その法案によって住居手当のシステムが拡充されることになると発表しました．この法改正の後，受給者の数は倍増するはずです．
La police n'a pu **appréhender** le voleur.	警察は泥棒を逮捕することができませんでした．

âpre
☐☐ 435

形 不快な，渋い；厳しい

argent de poche
☐☐ 436

熟・慣 小遣い

assurer
☐☐ 437

動 断言する，保証する

avaler
☐☐ 438

動 飲み込む

bénéfice
☐☐ 439

女 利益

bête
☐☐ 440

形 馬鹿な，愚かな

bouquin
☐☐ 441

男 本

Cette pomme n'est pas mûre, elle a encore un goût **âpre**. (13 秋)

このリンゴは熟していません. まだ渋い味がします.

Donner de l'**argent de poche** à son enfant est une manière de l'éduquer et de lui faire comprendre la valeur de l'argent.

子どもにお小遣いを与えることは, 子どもを教育し, お金の価値を理解させる一つの方法です.

Bon marché, intelligents et surtout légers, les rats donnent de bien meilleurs résultats que les chiens, **assurent** leurs dresseurs. (04 春)

ネズミは安価で, 利口で, なにより軽く, 犬よりもずっと良い結果が得られます, と (ガンビアネズミの) 調教師が断言しています.

Pendant le jeûne, on peut se rincer la bouche et se laver les dents avec du dentifrice. Mais il faut faire attention de ne pas **avaler** de l'eau.

断食の間は, 口の中をゆすいだり歯磨き粉で歯を磨いたりすることはできます. しかし, 水を飲み込まないように気をつけなくてはなりません.

L'entreprise a fait des **bénéfices** record l'année dernière grâce à un yen très faible.

その企業は大幅な円安のおかげで昨年記録的な利益をあげました.

L'homme moderne n'est pas forcément plus **bête** que ses lointains parents. (11 秋)

現代人は必ずしも遠い祖先よりも愚かだというわけではありません.

Ce **bouquin**, il est vraiment super intéressant !

この本はめちゃくちゃ面白いです!

---

chronique
☐☐ 442
形 慢性的な

circonstance
☐☐ 443
女 状況

comestible
☐☐ 444
形 食用の

commis(e)
☐☐ 445
形 犯された

complice
☐☐ 446
男 女 共犯者

composer
☐☐ 447
動 作曲する；構成する

conclure
☐☐ 448
動 結末をつける，締結する

Pourquoi cet enfant tousse-t-il de façon **chronique** ? (12秋)

なぜこの子どもは慢性的に咳をしているのでしょうか？

Bien que le télétravail nécessite l'accord du salarié, l'employeur peut imposer le travail à distance lorsque des **circonstances** exceptionnelles l'exigent.

テレワークは従業員の同意を必要としますが，例外的な状況により（テレワークが）必要となる場合は，雇用者が遠隔勤務を命じることができます．

En France, est-ce qu'on a le droit de vendre des insectes **comestibles** ?

フランスでは，食用昆虫を販売することはできますか？

En France, la majorité des infractions à la réglementation sur les espèces protégées sont **commises** par les « touristes ».

フランスでは，保護種に関する規制違反の大半は「観光客」によって犯されています．

Le gardien est devenu **complice** du détenu sans le savoir. (08秋)

看守は知らぬ間に拘留者の共犯者になってしまいました．

Connaissez-vous un bon logiciel simple à utiliser pour **composer** de la musique ?

作曲するのに簡単に使える良いソフトウェアを知っていますか？

Les négociations entre les deux partis ont duré plus de trois heures, mais elles n'ont finalement pas permis de **conclure** à un accord.

2つの政党間の交渉は3時間以上続きましたが，最終的に合意に至ることはありませんでした．

---

concret,	形 具体的な
concrète	
☐☐ 449	

condamner	動 刑を宣告する；糾弾する
☐☐ 450	

confiance	女 信頼
☐☐ 451	

consacrer A à B

☐☐ 452　　　　　　動 A を B に充てる

consulter un médecin

☐☐ 453　　　　　　熟・慣 医師の診察を受ける

contaminer	動 汚染する
☐☐ 454	

Croyez-vous que l'OMS puisse avoir une influence **concrète** sur la situation de ce pays d'Afrique ?	WHO がアフリカのこの国の状況に対して具体的な影響力を持ちうるとお思いですか？
Le journal **a condamné** les tweets antisémites dont Miss Provence a été la cible.	その新聞は，ミス・プロヴァンスが標的となった反ユダヤ的ツイートを糾弾しました．
Est-ce qu'on peut avoir **confiance** dans les décisions prises, les avis émis et les traitements effectués par les IA ?	AI によって下される決定や出される意見，行われる処理に対して信頼を置くことはできるのでしょうか？
Il **a consacré** un chapitre de son livre **à** ce sujet très polémique.	彼は著作の1章を非常に論争の的になりやすいこの話題に充てました．
Nous vous conseillons de **consulter un médecin** avant le départ en Australie si vous craignez que l'otite moyenne empêche le voyage en avion.	もし中耳炎のために飛行機の旅行ができなくならないか不安でしたら，オーストラリアに出発する前に医師の診察を受けることをお勧めします．
Les eaux des rivières de France **sont contaminées** par les tonnes de médicaments que l'on absorbe depuis plus d'un demi-siècle. (09 秋)	フランスの河川の水は，半世紀以上前から人が摂取してきた大量の薬品によって汚染されています．

contredire	動 反論する；矛盾する
□□ 455	

décennie	女 10 年
□□ 456	

définitivement	
□□ 457	副 完全に，決定的に，最終的に

dénoncer	動 告発する
□□ 458	

se dérouler	代動 行われる，展開する
□□ 459	

détériorer	動 傷める，損傷させる
□□ 460	

L'accusé prétend qu'il se trouvait chez lui le soir des faits, mais de nombreux témoignages sont venus **contredire** cette version.

被告人は事件の夜は家にいたと主張していますが, その説明と矛盾する多くの証言が出てきました.

Georges était très ému, car cela faisait des **décennies** qu'il n'était pas revenu en France.

ジョルジュはとても感動していました. というのも彼は数十年間フランスに帰っていなかったからです.

Après avoir **définitivement** arrêté de travailler il y a un mois, elle a quitté la capitale américaine et s'est installée dans les environs de Paris afin de se rapprocher de sa fille. (16秋)

一ヶ月前に完全に仕事を辞めた後, 彼女はアメリカ合衆国の首都を離れ, 娘の近くに住むためにパリの郊外に居を構えました.

Ludovic Laporte **dénonce** l'inaction des pouvoirs publics dans la lutte contre le chômage. (18秋)

リュドヴィク・ラポルトは, 失業に対する社会運動における公権力の無為無策を告発しました.

Pour la première fois dans l'histoire de ce pays, des élections démocratiques ont eu lieu, et d'après les observateurs internationaux, elles **se sont déroulées** sans encombre.

この国の歴史上で初めて民主的選挙が行われ, 国際的な監視団によれば, 選挙は滞りなく行われました.

Le logiciel créé par l'équipe de recherche peut remettre un robot **détérioré** en état de marche en deux minutes. (16秋)

その研究チームが作ったソフトウェアは, 損傷したロボットを2分で復旧させることができます.

disperser　　動 分散させる；追い払う
□□ 461

distrait(e)　　形 ぼんやりとした，うかつな
□□ 462

embarrasser　　動 邪魔する，妨害する；当惑させる
□□ 463

embaucher　　動 雇用する，採用する
□□ 464

enthousiaste　　形 熱狂的な，熱烈な
□□ 465

s'étendre　　代動 拡大する
□□ 466

évoquer　　動 思い起こす；言及する
□□ 467

La police a tenté de **disperser** la manifestation non autorisée en chargeant à plusieurs reprises.

警察は何度も実力行使を行って，無許可のデモ参加者を追い払おうと試みました.

Sophie est si **distraite** qu'elle ne sait jamais où elle s'est garée. (14秋)

ソフィーはいつもぼんやりしていて，駐車した場所がどこかわからなくなります.

Le premier ministre **a été embarrassé** par les propos d'un député. (10秋)

首相はある下院議員の発言に当惑させられました.

Avec la crise économique, les entreprises qui **embauchent** se font très rares, et les personnes peu qualifiées ont de plus en plus de difficultés à trouver un emploi.

経済危機によって，採用を実施する企業は非常に稀になり，資格をほとんど持たない人々は職を見つけることがますます困難になっています.

Les clients réservent un accueil **enthousiaste** à ce nouveau système, qui permet de laisser le vélo à peu près n'importe où sur le trottoir.

自転車を歩道のほとんどどこにでも置いて返却できるこの新システムを顧客は大いに歓迎しています.

La grippe porcine **s'étend** dans le monde. Comment prévenir les risques de contamination et de propagation ?

豚インフルエンザが世界中で拡大しています. どうすれば感染と蔓延の危険を予防できるのでしょうか?

Cette musique m'**évoque** mon enfance, en particulier les vacances que je passais chez mes grands-parents à la campagne.

この音楽は私の子ども時代，特に田舎の祖父母の家で過ごしたバカンスの思い出を呼び起こします.

exclusivement
□□ 468

副 もっぱら，〜だけ

exploiter
□□ 469

動 開発する；搾取する

extrême
□□ 470

形 極限の；極度の；極端な，

fréquenté(e)
□□ 471

形 人通りの多い

indice
□□ 472

男 手がかり，指標

infime
□□ 473

形 微細な，微量の

Le genre grammatical du mot « Covid-19 » n'est pas encore fixé. Même après la décision de l'Académie française qui indique que l'emploi du féminin serait préférable, on ne dit pas **exclusivement** « la Covid-19 », mais aussi « le Covid-19 ».

Covid-19という単語の文法性はまだ定まっていません。女性名詞の使用が好ましいであろうとするアカデミー・フランセーズの決定後も、«la Covid-19»だけでなく «le Covid-19»も使われています。

Les grands pays dits pays industrialisés **exploitent** souvent les petits pays dits pays pauvres.

工業国と呼ばれる大国は、貧困国と呼ばれる小国をしばしば搾取しています。

C'est un appareil au fonctionnement d'une **extrême** simplicité, permettant à toute personne de profiter pleinement des avantages qu'il présente.

これは極めて単純な機能を持つ器具で、どんな人でもこの器具の持つ長所を十分に享受することができます。

Au bout d'un chemin peu **fréquenté** au cœur des Ardennes se trouve la ferme d'Agnès. (05 春)

アルデンヌ県の中央部にある人通りの少ない道の先に、アニェスの農場があります。

Un nouvel **indice** de qualité de l'air plus rigoureux sera mis en place en 2021.

大気の質に関するより厳格な新指標が2021年に導入されます。

Par exemple, des poissons, eux aussi exposés à des doses **infimes** de médicaments, changent de sexe. (09 秋)

例えば、魚もまたごく微量の薬品に晒されていて、性別が変化するのです。

intégrer

□□ 474

動 組み込む，統合する

s'intégrer

代動 (集団に) なじむ，同化する

interpeller

□□ 475

動 呼び止める；職務質問する

main-d'œuvre

□□ 476

熟・慣 労働力

manifester

□□ 477

動 デモに参加する

mentionner

□□ 478

動 言及する

mœurs

□□ 479

女 生活習慣

Il semble que les pays européens prennent chacun des mesures différentes pour **intégrer** les immigrés dans la société.

ヨーロッパ諸国は，移民を社会に統合するために，それぞれ異なる措置をとっているように思えます.

Selon une enquête, plus de 10 % des lycéens trouvent qu'il est difficile de **s'intégrer** dans une nouvelle classe.

ある調査によれば，10%以上の高校生が新しいクラスになじむのに困難を感じています.

Des policiers **ont interpellé** un garçon de 13 ans qui était au volant de la voiture empruntée à son père.

警察官たちは，父親から借りた車を運転していた13歳の少年に職務質問しました.

Les étrangers travaillent pour répondre à la demande de **main-d'œuvre** bon marché.

外国人は安価な労働力の需要に応えるために働いています.

Dimanche à Lyon, elles étaient plus de 200 à **manifester** avec leurs motos pour l'égalité entre hommes et femmes.

日曜日にリヨンでは，200人以上の女性がバイクに乗って，男女平等のためのデモに参加していました.

Dans sa précipitation à écrire ce rapport, il a omis de **mentionner** plusieurs choses. (17 秋)

そのレポートを急いで執筆するあまり，彼はいくつものことに言及し損ねました.

En France, les **mœurs** ont changé depuis la guerre, et les nouvelles générations accordent moins d'importance au concept de galanterie.

フランスでは戦後から生活習慣が変化し，新しい世代は（女性に対する）騎士道的礼節という概念を以前ほど重視していません.

---

motif ☐☐ 480	男 動機，きっかけ
multiplier ☐☐ 481	動 増やす
notion ☐☐ 482	女 概念
opérer ☐☐ 483	動 行う；手術を行う
orienter ☐☐ 484	動 向かわせる；導く
pénétrer ☐☐ 485	動 進入する，侵入する

Depuis déjà longtemps, la question du nucléaire est un **motif** de discorde au sein de ce parti politique.

すでに随分前から，原子力の問題はこの政党内における不和の種となっています.

Récemment, l'opposition **a multiplié** les rassemblements pour mettre la pression sur le gouvernement et empêcher le passage de la loi.

最近，野党は政府に圧力をかけて法案の通過を阻止するための（抗議）集会を増やしました.

La **notion** de race n'a pas de réalité scientifique, et ce mot revêt aujourd'hui une connotation relativement négative.

人種という概念は科学的現実に基づくものではなく，その単語は今日では比較的否定的な意味合いを帯びています.

Et comme je suis d'une nature assez fragile, dans les deux pays je suis entré plusieurs fois à l'hôpital pour me faire **opérer**.　　　(05 春)

そして私はかなり虚弱な体質なので，両方の国で，手術を受けるために何度も入院しました.

La crise pétrolière **a orienté** les prix de l'essence à la hausse, provoquant la colère des automobilistes.

石油危機はガソリン価格を上昇へと向かわせ，ドライバーたちの怒りを引き起こしました.

Les personnes qui **ont pénétré** dans le Congrès américain sont des extrémistes.

アメリカ議会に乱入した人々は過激派です.

percevoir

□□ 486

動 知覚する，感じ取る；(お金を) 受け取る

perturbation

□□ 487

名 混乱，乱れ

privilégié(e)

□□ 488

形 恵まれた；優遇された

prolonger

□□ 489

動 延長する

provisoire

□□ 490

形 暫定的な，仮の

récupérer

□□ 491

動 回収する；取り戻す

Il est possible de **percevoir** l'Allocation de Soutien Familial (ASF) lorsque l'on élève seul un enfant sans aucune aide financière de la part de l'autre parent.

もう片方の親から金銭的支援を一切受けずに1人で子どもを育てる場合, 家族扶養手当（ASF）を受け取ることができます.

Suite au passage d'une manifestation, des **perturbations** sont à prévoir sur les lignes de tramway 2 et 3.

デモの通過によって, トラム2号線と3号線でダイヤの乱れが予想されます.

Ce sont ses voyages qui ont fait découvrir à Thomas qu'il était vraiment **privilégié**. (14秋)

トマは旅行をしたおかげで, 自分が本当に恵まれていたことに気がつきました.

Qui ne voudrait pas **prolonger** ses vacances ? (11秋)

誰が自分のバカンスを延長したくないなどと思うでしょうか?

L'état d'urgence, décidé après les attentats terroristes, devait être une mesure **provisoire**, mais il a finalement été prolongé puis inscrit dans la loi.

テロ攻撃の後に決定された緊急事態宣言は, 暫定的な措置でなくてはならなかったのですが, 最終的には延長され, そして法律の中に組み込まれました.

Beaucoup de pays africains ont fait des demandes pour **récupérer** les objets historiques trouvés par des archéologues sur leur sol, et se trouvant actuellement dans des musées européens.

アフリカの多くの国は, 彼らの土地で考古学者たちによって発見され, 現在はヨーロッパの博物館にある歴史的事物を取り戻すための請求を行いました.

régler
□□ 492

動 調整する；解決する

動 支払う

repartir à zéro
□□ 493

熟·慣 ゼロからやり直す

résider
□□ 494

動 居住する；～にある

restauration
□□ 495

女 修復；飲食業

sensibiliser
□□ 496

動 啓発する，関心を持たせる

Il faut que tu **règles** ce problème tout seul, dit-il sèchement.	「君1人でその問題を解決しなくてはいけないよ.」彼は冷淡にそう言いました.
Pouvez-vous nous **régler** par chèque ? (14秋)	小切手でお支払い頂くことはできますか?
Après chaque déménagement on a bien souvent l'impression de **repartir à zéro**.	引っ越しをするたびに, ゼロからやり直すような気持ちになることが多いです.
Michel est français, mais il **réside** aux Etats-Unis depuis dix ans, où il dirige une petite entreprise qui compte une dizaine d'employés.	ミシェルはフランス人ですが, 10年前からアメリカに居住しており, 約10人の従業員を数える小さな会社を経営しています.
La crise de la Covid a touché très fortement les professionnels de la **restauration**, et personne n'est aujourd'hui capable de dire quand ils pourront recommencer leur activité normalement.	Covidの危機は飲食業者に非常に大きな影響を与えており, 現時点ではいつになったら仕事が正常に再開できるかを誰も言うことができません.
Les abonnés du « Worldsurfing » sont plutôt des jeunes **sensibilisés** aux valeurs de l'entraide. (10秋)	Worldsurfingの登録者は, 特に相互扶助の価値観に関心を持つ若者たちです.

statistique	女 統計学，統計
☐☐ 497	

stimuler	動 刺激する，発奮させる
☐☐ 498	

susciter	動 引き起こす
☐☐ 499	

témoigner	動 証言する，示す
☐☐ 500	

tourmenter	動 苦しめる
☐☐ 501	

tribunal	男 裁判所
☐☐ 502	

Le siège de l'Institut national de la **statistique** et des études économiques (Insee) est situé à Montrouge, commune qui se trouve au sud de Paris.

フランス国立統計経済研究所（Insee）の本部は，パリの南に位置するモンルージュ市にあります．

Cette entreprise a décidé de distribuer des prix à ses employés les plus productifs afin de les **stimuler**.

この企業は従業員にやる気を与えるために，最も成果をあげた者に賞を与えることを決めました．

La déclaration du premier ministre **a suscité** énormément de réactions négatives sur les réseaux sociaux.

首相による声明は SNS 上で非常に多くのネガティブな反応を引き起こしました．

Monsieur Martin a décidé de **témoigner** devant le tribunal contre son ancien employeur pour soutenir son collègue.

マルタン氏は同僚を弁護するために，元の雇用主に反対する証言を裁判所で行うことにしました．

Leurs collègues ne peuvent donc pas s'apercevoir du problème qui les **tourmente**. (15 秋)

したがって彼らの同僚たちは，自分たちを苦しめている問題に気づくことができていません．

Les exécutions sont suspendues dans cet État, mais des **tribunaux** continuent à condamner à mort des accusés pour des crimes exceptionnels.

この州では死刑の執行は停止されていますが，裁判所は重大犯罪の被告に対して死刑の判決を下し続けています．

voire

□□ 503

副 さらに，そのうえ

Il faut ramener les vélos dispersés dans les bonnes zones, **voire** recharger les batteries une à une dans le cas des véhicules électriques.

(18 秋)

散在する自転車を所定の場所に集める必要があり，さらに電動自転車の場合は一台一台充電しなくてはならないのです．

□ 504 **aboyer** 動 吠える

□ 505 **accumuler** 動 蓄積する

□ 506 **acte de naissance** 熟・慣 出生証明書

□ 507 **administration** 女 行政;管理

□ 508 **admirer** 動 感心する

□ 509 **adolescence** 女 思春期

□ 510 **affamer** 動 飢えさせる

□ 511 **agglomération** 女 都市圏

□ 512 **alentours** 男 (複数形で)周辺

□ 513 **à l'issue de** 熟・慣 ～の結果として

□ 514 **ampleur** 女 ゆとり

□ 515 **angoisse** 女 不安

□ 516 **annuel, annuelle** 形 年間の, 毎年の

□ 517 **anonyme** 形 匿名の

□ 518 **apaiser** 動 やわらげる

□ 519 **arrestation** 女 逮捕

□ 520 **assidu(e)** 形 熱心な, 皆勤の

□ 521 **astre** 男 天体

□ 522 **à titre permanent** 熟・慣 永続的に

□ 523 **à toute allure** 熟・慣 全速力で

□ 524 **atroce** 形 残酷な

□ 525 **attentat** 男 テロ, 襲撃

□ 526 **authenticité** 女 本物であること

□ 527 **aveu** 男 告白;(複数形で)自白

□ 528 **aveugle** 形 盲目の

□ 529 **bénévole** 男 女 ボランティア活動参加者

□ 530 **bienveillant(e)** 形 好意的な

□ 531 **blâmer** 動 非難する

□ 532 **blocage** 男 封鎖, 停滞

□ 533 **se borner à** 代動 ～するにとどめる

□ **cachet** 534　男 錠剤；スタンプ

□ **cadavre** 535　男 死体

□ **calculer** 536　動 計算する

□ **cambriolage** 537　男 強盗

□ **capitaliste** 538　形 資本主義の

□ **certifier** 539　動 証明する

□ **clandestin(e)** 540　形 非合法の

□ **cohérent(e)** 541　形 整合性のある

□ **commissaire** 542
　男 女 警視；役員

□ **compenser** 543
　動 補償する, 埋め合わせる

□ **concurrence** 544　女 競合

□ **conscient(e)** 545
　形 意識がある, 意識的な

□ **consentir** 546　動 同意する

□ **contrainte** 547　女 強制, 制約

□ **convention** 548　女 協定；慣習

□ **conviction** 549　女 確信

□ **convoquer** 550　動 招集する

□ **coûteux, coûteuse** 551
　形 高価な

□ **critère** 552　男 基準

□ **culpabilité** 553　女 有罪

□ **débat** 554　男 討論

□ **débris** 555　男 破片

□ **décalage** 556　男 ずれ

□ **déduire** 557　動 推論する

□ **défaut** 558　男 不足, 欠点

□ **défi** 559　男 挑戦, 反抗, 試練

□ **définir** 560　動 定義する

□ **dégénérer** 561　動 悪化する

□ **dégradation** 562　女 悪化；低下

□ **délit** 563　男 不正行為, 軽犯罪

□ **démarche** 564　女 足取り；手続き

□ **démentir** 565　動 否定する

□ **désapprouver** 566　動 反対する

□ **discipline** 567　女 規律；科目

□ **dissoudre** 568　動 溶かす

□ **divertissement** 569　男 娯楽

□ **édifier** 570　動 建造する

□ **élaborer** 571　動 丁寧に作り上げる

□ **éliminer** 572　動 除去する

□ 573	**entamer**	動 着手する	□ 593	**héritier, héritière** 男 女 相続人
□ 574	**entretien**	男 維持；会談		
□ 575	**envisager**	動 検討する	□ 594	**hygiène** 女 衛生
□ 576	**épidémie**	女 感染症の流行	□ 595	**imiter** 動 まねする
□ 577	**équité**	女 公平	□ 596	**immédiat(e)** 形 即座の
□ 578	**esclavage**	男 奴隷制度	□ 597	**inciter** 動 促す
□ 579	**espèces**	女 (複数で)現金, 貨幣	□ 598	**infirme** 形 (身体の)不自由な, 損傷した
□ 580	**s'évanouir**	代動 気絶する	□ 599	**innocent(e)** 形 無罪の
□ 581	**exagérer**	動 誇張する	□ 600	**inspection** 女 検査
□ 582	**exclure**	動 除外する	□ 601	**s'insurger** 代動 反逆する
□ 583	**exécrable**	形 ひどい	□ 602	**interrompre** 動 中断する
□ 584	**expansion**	女 拡大, 発展	□ 603	**intervention** 女 介入
□ 585	**exténuer**	動 疲れさせる	□ 604	**intime** 形 親密な, 個人的な
□ 586	**extravagance**	女 行き過ぎ, 異常さ	□ 605	**inverse** 形 逆の
□ 587	**figé(e)**	形 凝固した, 硬直した	□ 606	**irrésistible** 形 抵抗できない；魅力的な
□ 588	**figurer**	動 描く	□ 607	**itinéraire** 男 道のり
□ 589	**fusil**	男 銃	□ 608	**marchandise** 女 商品
□ 590	**gérer**	動 管理する	□ 609	**méfiance** 女 不信感
□ 591	**guerre civile**	熟・慣 内戦	□ 610	**meurtre** 男 殺人
□ 592	**hebdomadaire**	形 週の, 毎週の	□ 611	**Midi** 男 南仏

□ **mobiliser** 動 動員する
612

□ **mondialisation** 女 グローバリゼーション
613

□ **moyen de transport** 熟・慣 交通手段
614

□ **muet, muette** 形 話すことができない
615

□ **naviguer** 動 航海する
616

□ **néfaste** 形 有害な
617

□ **nuancer** 動 濃淡をつける, 含みを持たせる
618

□ **obésité** 女 肥満
619

□ **objectivité** 女 客観性
620

□ **obstiné(e)** 形 頑固な
621

□ **opaque** 形 不透明な
622

□ **pancarte** 女 掲示板, プラカード
623

□ **pension** 女 年金
624

□ **percuter** 動 衝突する
625

□ **périr** 動 死ぬ
626

□ **perquisitionner** 動 (家宅)捜索を行う
627

□ **persuader** 動 説得する
628

□ **plausible** 形 納得できる
629

□ **précéder** 動 先行する
630

□ **précipitation** 女 急ぐこと；(複数で)降水
631

□ **prédiction** 女 予言
632

□ **prévision** 女 予測
633

□ **priorité** 女 優先
634

□ **procédé** 男 手順
635

□ **procès-verbal** 男 調書
636

□ **propice** 形 好都合な
637

□ **proximité** 女 近さ
638

□ **quelconque** 形 何らかの
639

□ **raffoler de** 動 ～に夢中である
640

□ **receler** 動 内蔵する
641

□ **réchauffement climatique** 熟・慣 気候温暖化
642

□ **réciprocité** 女 相互性
643

□ **récompense** 女 報酬
644

□ **réconfort** 男 励まし
645

□ **rédacteur, rédactrice** 男 女 編集者, 記者
646

□ **rédiger** 動 執筆する
647

□ **se réfugier** 代動 避難する
648

□ **régime** 649 [男] 政治体制；ダイエット

□ **rentable** 650 [形] 割に合う

□ **répercussion** 651 [女] 反響

□ **reprocher** 652 [動] 非難する

□ **restreindre** 653 [動] 制限する

□ **rétrécir** 654 [動] 狭める

□ **se révolter** 655 [代動] 反乱を起こす

□ **rigueur** 656 [女] 厳密さ

□ **sacrifier** 657 [動] 犠牲にする

□ **socialiste** 658 [形] 社会主義の，社会党の

□ **solidarité** 659 [女] 団結

□ **solliciter** 660 [動] 願い出る

□ **soulager** 661 [動] 楽にする

□ **succession** 662 [女] 連続；相続

□ **supplément** 663 [男] 追加，追加料金

□ **surdité** 664 [女] 耳が不自由なこと

□ **surmener** 665 [動] 酷使する

□ **susceptible** 666 [形] 可能性がある

□ **tactique** 667 [形] 戦略の

□ **transférer** 668 [動] 移転する

□ **tromper** 669 [動] だます

□ **unanime** 670 [形] 全会一致の

□ **vengeance** 671 [女] 復讐

□ **vertical(e)** 672 [形] 垂直の

□ **vigilant(e)** 673 [形] 警戒している

□ **vraisemblablement** 674 [副] おそらく

索 引

編著者紹介 ────────────────────────────

川口 裕司 (かわぐち　ゆうじ)

1958 年生まれ．言語学博士．東京外国語大学言語文化学部長，
外国語教育学会会長を歴任．東京外国語大学大学院教授．
著書：『仏検 3 級準拠　頻度順フランス語単語集』(小社刊, 2015)
　　　『仏検 2 級準拠　頻度順フランス語単語集』(小社刊, 2016)
　　　『初級トルコ語のすべて』(IBC パブリッシング, 2016)
　　　『デイリー日本語・トルコ語・英語辞典』(三省堂, 2020)

神山 剛樹 (かみやま　たけき)

1975 年生まれ．音声学博士．パリ第 8 大学外国語文化学部准教授．
訳書：『音声の科学　音声学入門』(白水社, 共訳, 2016)

関 敦彦 (せき　あつひこ)

1991 年生まれ．東京外国語大学博士後期課程満期退学．東京外国
語大学非常勤講師．

フランス語編集・校閲・録音 ────────────────

コランタン・バルカ (Corentin BARCAT)

1988 年生まれ．東京外国語大学博士後期課程在学．東京外国語
大学 Open Academy 講師．

フランス語協力 ────────────────────────

マエル・アマン (Maelle AMAND)

1985 年生まれ．英語学博士．リモージュ大学人文学部准教授．
著書：CAPES Anglais. Épreuve écrite disciplinaire appliquée.
　　　Session 2022 (Éditions Ellipses, 共著, 2021)

仏検準1級準拠［頻度順］フランス語単語集

2021年11月1日　初版発行

編 著 者	川 口 裕 司	
	神 山 剛 樹	
	関 　 敦 彦	
発 行 者	井 田 洋 二	
製版・印刷・製本	㈱フォレスト	

発 行 所　㈱駿河台出版社

〒101-0062 東京都千代田区神田駿河台3の7
電話 03（3291）1676 番／FAX 03（3291）1675 番
振替 00190-3-56669
info@e-surugadai.com
http://www.e-surugadai.com

ISBN 978-4-411-00558-8 C1085